金字塔的"味道"

中国出版集团　现代出版社

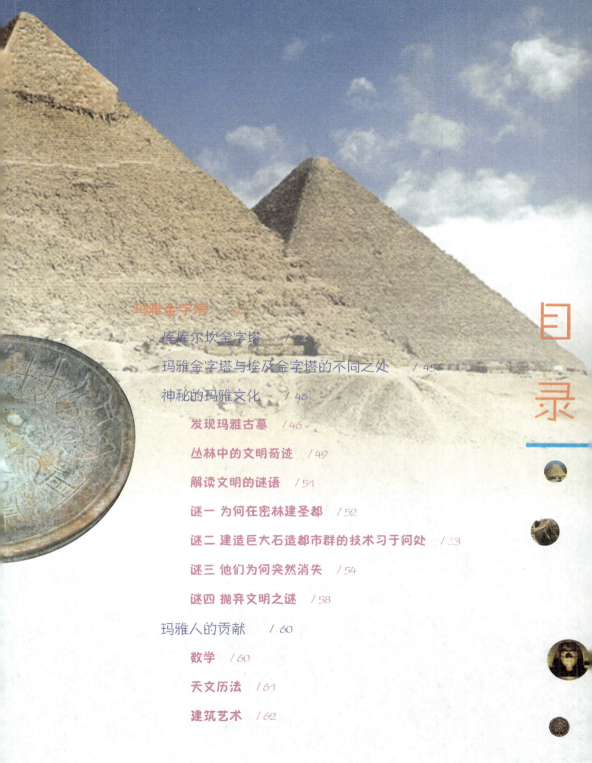

目 录

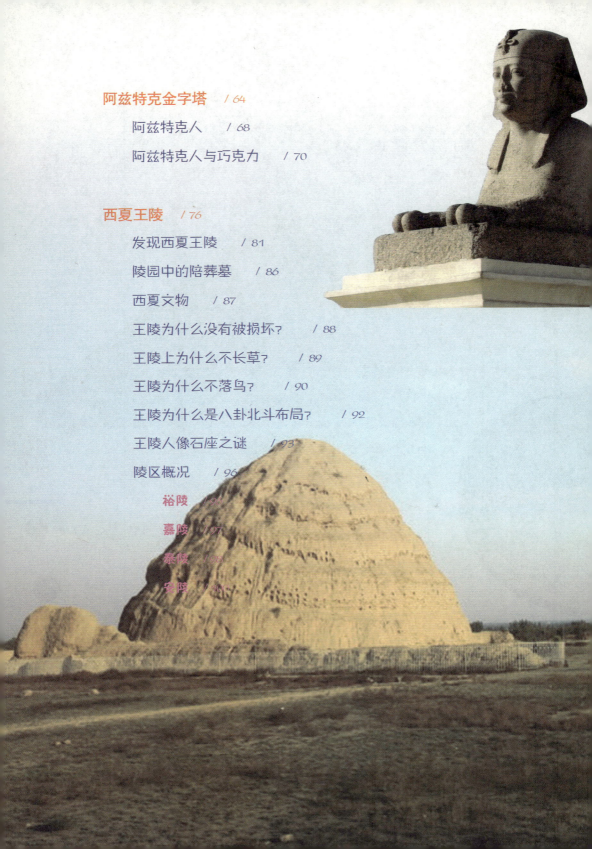

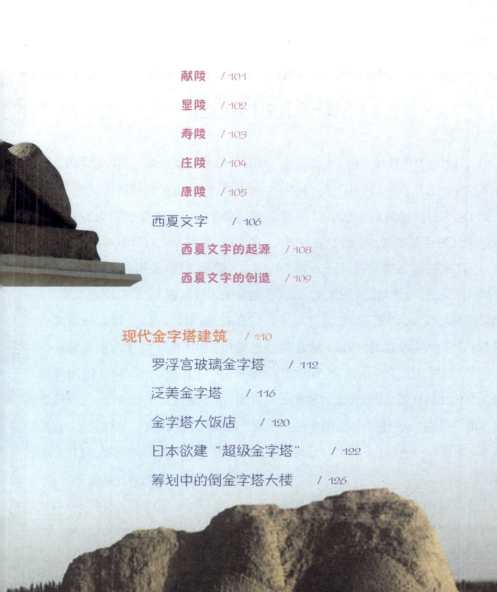

目录

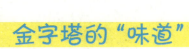
金字塔的造型

如果说万里长城占据了人类古代建筑史上的长度，那么埃及的金字塔则占据了人类古代建筑史上的高度。不像我们现代的很多建筑，造型奇特，结构繁复，装饰华丽，五彩缤纷，给人一种头晕目眩的感觉。金字塔，虽高耸入云，却用最简单的线条，构成了最稳定的几何结构。用最简单的造型，构成了最撼人心魄的气势。用最简单的色彩，构成了最无与伦比的壮美。正如伟大的常常是平凡的一样，美丽的也常常是简单的。简单，是美的一种极致，是美的最高境界。

金字塔，在建筑学上是指锥体建筑物，一般来说基座为正三角形或四方形等正多边形，也可能是其他多边形，侧面由多个三角形或接近三角形的面相接而成，顶部面积非常小，甚至成尖顶状。古代金字塔，是用石块堆砌而成，越高使用材料越少，质心接近基座，可以有效抵挡自然灾害，因此各地文明的先民，利用金字塔作为重要纪念性建筑，如陵墓和寺庙。20世纪70年代开始，由于建筑技术的演进，达到轻质化、可塑化、良好的空调与采光，有些建筑师会从几何学选取元素，现代金字塔式建筑在世界各地被建造出来。

金字塔的"味道"

 "金字塔"名称的由来

西方文明使用 Pyramid 作为锥体建筑的专有名词已有两千年，几何学上该单词就是指锥体，然而在建筑学与考古学上，Pyramid 最初是指古埃及法老的方锥体陵墓，直至后来发现了其他古文明也有相同类型的建筑物时，才开始延伸至指所有的锥体状建筑物。Pyramid 命名由来已不可考，但最早且传播广泛的记载是在《世界七大奇迹》中。至于中文名称"金字塔"，一般是因为埃及法老锥体陵墓平视时为等边三角形，从侧面无论哪个角度看上去都像中国的汉字"金"，故 Pyramids 在中国被称作金字塔。与汉字中的"金"字相像，故称之为"金字塔"。

● 埃及金字塔

古埃及是世界历史上最悠久的文明古国之一。金字塔是古埃及文明的代表作，是世界七大建筑奇迹之一，是埃及国家的象征。埃及的金字塔建于4600多年前，是古埃及法老（即国王）和王后的陵墓，以巨大石块修砌成的方锥形建筑。埃及迄今已发现大大小小的金字塔110座，大多建于埃及古王朝时期。在埃及已发现的金字塔中，最大、最有名的是位于开罗西南面的吉萨高地上的祖孙三代金字塔。它们是胡夫金字塔（也称大金字塔）、海夫拉金字塔和门卡乌拉金字塔，

与其周围众多的小金字塔形成金字塔群，为埃及金字塔建筑艺术的顶峰。

一般认为，金字塔起源于一种名为"马斯塔巴"（Mastaba，来源于阿拉伯语，意为长方形石凳）的泥砖建成的长方形坟墓。尼罗河两岸盛产黏土，古埃及人很早就懂得使用以黏土为原料的泥砖。转折发生在第三王朝乔赛尔统治时期，法老陵墓的设计者伊姆荷泰普创造性地使用石材替代泥砖，并不断修改设计方案，最终建成了现今位于萨卡拉的六级阶梯金字塔，这便是金字塔建筑的雏形。真正

意义上的棱锥状金字塔出现在第四王朝的开创者斯尼弗鲁统治时期。斯尼弗鲁有3座金字塔，第一座位于美杜姆，继承于前一王朝末代法老胡尼，这座金字塔的核心是八级阶梯金字塔。各阶间用当地石材填平，并在表面覆盖图拉产的优质石灰石，将这座金字塔改造成了具有倾斜平面的"真正"金字塔；第二座金字塔位于达赫舒尔，为了减轻石室荷载，中途变更了设计方案，结果形成了下陡上缓的金字塔外形，被称为弯曲金字塔；最后一座位于前一座的北边，称为北部金字塔，这是第一座真正意义上的棱锥状金字塔，由于表面覆盖有红色石灰石，又被称为红色金字塔。至此，一种伟大的建筑形式在古埃及的大地上横空出世，且持续了1500年之久。

斯尼弗鲁的儿子胡夫则把金字塔建

筑的规模和科技含量推向了顶峰，他的金字塔被称为大金字塔。胡夫金字塔与另两位法老海夫拉和门卡乌拉的金字塔合称吉萨金字塔群，是金字塔建筑的巅峰之作，更是古代埃及灿烂文明的象征。

胡夫金字塔是埃及现存规模最大的金字塔，被誉为"世界古代七大奇观之一"。它建于埃及第四王朝第二位法老胡夫统治时期（约公元前2670年），原高146.59米，因顶端剥落，现高136.5米，塔的4个斜面正对东南西北四个方向，塔基呈正方形，每边长约230多米，占地面积5.26万平方米。塔身由约230万块巨石组成，它们大小不一，分别重达1.5吨至160吨，平均重约2.5吨。据考证，为建成大金字塔，一共动用了10万人花了20年时间。

第二大金字塔是古埃及第四王朝（约公元前2575—公元前2465年）的第四位法老海夫拉的陵墓，因此被称为海夫拉金字塔，塔高143.5米。举世闻名的狮身人面像便紧挨着海夫拉金字塔，据传人面是海夫拉的模拟像。长期以来，由于该金字塔内的湿度过大、通风较差，墓室内部的墙壁出现裂缝。1992年，海夫拉金字塔又经历了一次强度为5.4级的地震，

受到了部分损坏。此后经过两年多的全面修缮，于2001年7月重新开放。

门卡乌拉金字塔的底边边长108.5米，塔高66.5米。1839年，一名英国探险家首次打开这座金字塔，在墓室中发现一具花岗岩石棺及法老木乃伊。但装运这些文物的船只在返回英国途中遭遇意外，石棺和木乃伊都沉入大西洋。

1993年初，考古学家在吉萨省的金字塔区考察时，意外地发现了一个规模庞大的古墓群，里面共有160多个古墓，墓里的象形文字记录了金字塔修建时的情况。墓壁上有绘画，生动地展现了金字塔修建时的情况。这群古墓造型多样，用料不一。有的墓如金字塔形状，有的呈圆形拱状，有的是长方形平顶斜坡式造型。用料主要有三种：土砖、玄武岩和花岗石。为了进一步研究新发现的古墓，埃及文化部成立了一个科研小组，有关金字塔建造者之谜将会进一步被揭开。

1996年7月，埃及决定开放位于开罗以南约35千米的达舒尔的四座金字塔。

这四座金字塔中有两座是为古埃及第四王朝的法老萨夫罗建造的，距今将近4600年，其中的一座造型独特，被称为"弯曲金字塔"或"折角金字塔"，其

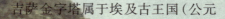

底部为边长188米的正方形，高约98米。它的奇特之处在于它的每面具有两个坡度。考古学家发现，古埃及人在施工时，先以54度的倾角修建，到一定高度后，又改为以43度的倾角继续向上建造，直至完工。这样金字塔的四面看起来便是弯曲的。为萨夫罗国王建造的另一座金字塔所用的建筑材料为颜色发红的石灰石，因此被称为"红色金字塔"。1996年8月，埃及考古工作者在开罗西南吉萨金字塔群附近清理门卡乌拉金字塔底座时，偶然发现两尊罕见的拉美西斯二世石像，这是在金字塔高地首次发现与拉美西斯二世有关的文物。新发现的两尊石像位于第三座大金字塔门卡乌拉金字塔旁，它们被雕刻在同一块石头上，高3.5米，重约4吨。其中一尊反映了拉美西斯二世的真面目，另一尊则集拉美西斯二世和荷拉·乌赫梯神像于一体。拉美西斯二世是古埃及第十九王朝著名法老（约公元前1304—前1237年）。

吉萨金字塔属于埃及古王国（公元

前3200—前2270年）时期的文物，而拉美西斯二世则生活在埃及新王国（公元前1560—前1100年）时代。考古专家认为这一重要发现可能有助于人们揭示金字塔地区更多的秘密。

近年来，参观金字塔的大量游人使金字塔内部湿度不断上升，化学物质增加，从而损害了金字塔的牢固性。为了更好地保护金字塔这一珍贵古迹，1995年4月，埃及政府宣布1995年为保护金字塔年。埃及金字塔是从早期的王陵马斯塔巴墓发展开来的。建筑金字塔的历史从第三王朝到第十三王朝，跨越了10个朝代。金字塔闪耀着古埃及人民智慧和力量的光芒。直到今天，规模宏大、建筑神奇、气势雄伟的金字塔依然给人留下许多未解之谜。神秘的埃及金字塔吸引许多科学家、考古学家和历史学家前往探究，也吸引世界各地的无数游客前去观光游览。

古埃及金字塔的修建地点之谜 〉

区 现实所迫还是法老信仰?

大约 5000 年前,埃及人建造了震惊世界的金字塔。在那之后的 100 年里,他们又陆续建起了更多的金字塔,但从不远离第一座金字塔。浩大的工程动用了成千上万的工人和数百万吨的原材料。可是后来,不知出于什么原因,他们突然将建造工程向北迁移,搬到了一个全新的地点。

法老改换金字塔修建地点不止一次,而是多次。这样的搬迁需要庞大的后援支持,因此新选出的地点,必定是非常重要的。具体的搬迁原因至今仍是一个谜。为解开谜团,埃及学家多米尼克·蒙塞拉特和考古学家米里亚姆·库克对此进行了深入探索。地质学家认为改变金字塔的修建地点是出于对原料的考虑。

埃及人在古都孟斐斯附近的塞加拉建造第一座金字塔,而后来,更多的金字塔,包括胡夫的大金字塔,却建在了更远些的吉萨。接着,他们又换了地方,一而再、再而三地转移,最后又回到了起点——孟斐斯附近。在近 400 年的岁月里,埃及法老为什么要多次改变修建金字塔的地点?考古学家米里亚姆·库克提出了地质学方面的依据。

塞加拉金字塔局部

塞加拉金字塔

　　支持库克观点的是埃及权威的地质学家巴亥·伊萨威。他认为，金字塔都是用石灰岩建造的，为什么这种材料最适合造金字塔呢？首先，这是一种非常耐用的石料；第二，埃及盛产石灰岩；第三，石灰岩有分层、有节理，所以比较容易开采。

　　近100年里，古埃及人一直在塞加拉修建金字塔。但是，野心勃勃的法老胡夫希望建造更大的金字塔。他必须找到一个更合适的地方，因此，他将整个工程迁到了北方的吉萨。吉萨，这里为什么更适合建金字塔呢？

　　巴亥·伊萨威博士认为，吉萨的石料更大，地面更平整。胡夫和金字塔建造者都很实事求是，他们顺应了大自然提供的条件。这个地方可以让他实现愿望，建造更大的金字塔。

　　可下面一座金字塔怎么解释呢？它被建在了阿布拉瓦什。巴亥·伊萨威指出，那里也有很多质量上乘的石灰岩。针对库克和地质学家巴亥·伊萨威的观点，埃及学家多米尼克·蒙塞拉特认为，地点变迁的背后暗藏着更大玄机，其中的人文因素要多于建筑方面的考虑。

17

多米尼克指出，要探讨金字塔地点的变更，必须清楚赫利奥波利斯与金字塔修建地点的关系。赫利奥波利斯即埃及的太阳之城。虽然早已经消失，但它也曾繁荣过，一连几千年，它一直是太阳崇拜的中心。看看在吉萨和阿布拉瓦什修建金字塔的法老的名字，你会发现一个很有意思的现象：先是在阿布拉瓦什建造金字塔的拉杰代夫，然后是海夫拉，还有在吉萨建造第三座金字塔的门卡乌拉。这三个法老有什么共同点？就是他们的名字里都带有"拉"。

为了表达对太阳神"拉"的崇敬，这些法老的名字里都带有"拉"字。太阳神"拉"每天乘着太阳船驶过天空，到达冥界。每一位法老在死后都要到太阳神那里去，因此太阳神与法老最后的安息地——金字塔之间有着重要的关联。建造金字塔也因而成为了太阳崇拜的重要表达方式。

◎ 建造地点与太阳崇拜

对于金字塔地点的改变，伦敦大学学院考古研究所戴维·杰弗里斯博士研究多年，他说，关于金字塔位置的分布问题，表面看来这些地点似乎是随意挑选的，但是有一点很重要：那就是自从王室开始重视拜日信仰，金字塔的位置就迁到了吉萨，然后又迁到了阿布拉瓦什。这样，地点的变迁与太阳崇拜的关系就很清楚了。

拉杰代夫是名字中带有太阳神"拉"的第一位法老，他自称为太阳之子，选在阿布拉瓦什修建金字塔。从赫利奥波利斯看过去，这座金字塔看得最清楚。吉萨所有的金字塔都和赫利奥波利斯处在一条直线上。4500年前，没有烟雾尘埃的遮蔽，

法老从吉萨和阿布拉瓦什的金字塔，应该可以看到赫利奥波利斯的太阳神殿。所以，法老们希望能从金字塔看到太阳崇拜的中心。杰弗里斯指出，崇拜太阳的信徒相信眼见为实。由于法老们越来越沉迷于对太阳的崇拜，所以修建金字塔的地点，必须要看得见赫利奥波利斯的中心。法老拉杰代夫决定，将金字塔工程全部迁到阿布拉瓦什。在他的新金字塔里，也能看见赫利奥波利斯。下一任法老海夫拉又回到了吉萨，他的金字塔靠近父王胡夫，门卡乌拉的金字塔也建在附近。在这些金字塔上都可以清楚地看到赫利奥波利斯。

埃及金字塔兴起和演变的传说 〉

金字塔是古埃及奴隶制国王的陵寝。这些统治者在历史上称之为"法老"。古代埃及人对神的虔诚信仰使其很早就形成了一个根深蒂固的"来世观念",他们甚至认为"人生只不过是一个短暂的居留,而死后才是永久的享受"。

因而,埃及人把冥世看作是尘世生活的延续。受这种"来世观念"的影响,古埃及人活着的时候,就诚心备至、充满信心地为死后做准备。每一个有钱的埃及人都要忙着为自己准备坟墓,并用各种物品去装饰坟墓,以求死后获得永生。以法

老或贵族而论，他会花费几年，甚至几十年的时间去建造坟墓，还命令匠人以坟墓壁画和木制模型来描绘他死后要继续从事的驾船、狩猎、欢宴活动，以及仆人们应做的活计等等，使他能在死后同生前一样生活得舒适如意。

相传，古埃及第三王朝之前，无论王公大臣还是老百姓死后，都被葬入一种用泥砖建成的长方形的文墓，古代埃及人叫它"马斯塔巴"。后来，有个聪明的年轻人叫伊姆荷太普，在给埃及法老左塞王设计坟墓时，发明了一种新的建筑方法。

他用山上采下的呈方形的石块来代替泥砖，并不断修改修建陵墓的设计方案，最终建成一个六级的梯形金字塔——这就是我们现在所看到的金字塔的雏形。

左塞王之后的埃及法老纷纷效仿他，在生前就大肆为自己修建坟墓，从此在古埃及掀起一股营造金字塔之风。由于金字塔起源于古王国时期，而且最大的金字塔也建在

此时期内，因此，埃及的古王国时期又被称为金字塔时代。古代埃及的法老们为什么要将坟墓修成角锥体的形式，即修成汉字中的"金"字形呢？原来，在最早的时候，埃及的法老是准备将马斯塔巴作为死后的永久性住所的。后来，大约在第二至第三王朝的时候，埃及人产生了国王死后要成为神，他的灵魂要升天的观念。在后来发现的《金字塔铭文》中有这样的话："为他(法老)建造起上天的天梯，以便他可由此上到天上。"金字塔就是这样的天梯。同时，角锥体金字塔形式又表示对太阳神的崇拜，因为古代埃及太阳神"拉"的标志是太阳光芒。金字塔象征的就是刺向青天的太阳光芒。因为，当你站在通往基泽的路上，在金字塔棱线的角度上向西方看去，可以看到金字塔像撒向大地的太阳光芒。

《金字塔铭文》中有这样的话："天空把自己的光芒伸向你，以便你可以去到天上，犹如拉的眼睛一样。"后来古代埃及人对方尖碑的崇拜也有这样意义，因为方尖碑也表示太阳的光芒。古埃及所有金字塔中最大的一座，是第四王朝法老胡夫的金字塔。这座大金字塔原高146.59米，经过几千年来的风吹雨打，顶端已经剥蚀了将近10米。在1888年巴黎建筑起埃菲尔铁塔以前，它一直是世界上最高的建筑物。这座金字塔的底面呈正方形，每边长230多米，绕金字塔一周，差不多要走1公里的路程。胡夫的金字塔，除了以其规模的巨大而令人惊叹以外，还

以其高超的建筑技巧而著名。塔身的石块之间，没有任何水泥之类的黏着物，而是一块石头叠在另一块石头上面的。每块石头都磨得很平，至今已历时数千年，人们也很难用一把锋利的刀刃插入石块之间的缝隙，所以能历数千年而不倒，这不能不说是建筑史上的奇迹。另外，在大金字塔身的北侧离地面13米高处有一个用四块巨石砌成的三角形出入口。这个三角形用得很巧妙，因为如果不用三角形而用四边形，那么，一百多米高的金字塔本身的巨大压力将会把这个出入口压塌。而用三角形，就使那巨大的压力均匀地分散开了。在4000多年前对力学原理有这样的理解和运用，能有这样的构造，确实是十分了不起的。胡夫死后不久，在他的

大金字塔不远的地方，又建起了一座金字塔。这是胡夫的儿子海夫拉的金字塔。它比胡夫的金字塔低3米，但由于它的地面稍高，因此看起来似乎比胡夫的金字塔还要高一些。塔的附近建有一个雕着海夫拉的头部而配着狮子身体的大雕像，即狮身人面像。

第四王朝以后，其他法老虽然建造了许多金字塔，但规模和质量都不能和上述金字塔相比。第六王朝以后，随着古王国的分裂和法老权力下降以及埃及人民的反抗和有些人的盗墓，常把法老的"木乃伊"从金字塔里拖出来，所以埃及的法老们也就不再建造金字塔，而是在深山里开凿秘密陵墓了。

23

胡夫金字塔 〉

在埃及首都开罗郊外的吉萨，有一座举世闻名的金字塔，它是第四王朝第二个国王胡夫的陵墓，建于公元前2670年左右。作为人造建筑的世界奇迹，胡夫金字塔首先是世界上最大的金字塔，刚开始建成时的胡夫金字塔高度为146.59米，底边长度为230米，是由230多万块每块重约2.5—5.0吨的巨石垒砌而成的。

胡夫金字塔的建成时间大约在距今4600多年前，随着岁月的流逝，在雨雪风沙的击打之下，今天的胡夫金字塔已经不复当年的雄姿，现在的胡夫金字塔的高度仅为136.5米，而底边的长度则是230多米。尽管如此，它仍然不失为世界

之最，高高矗立在蓝天白云与满目黄沙之间，蔚为壮观。　但更令人吃惊的奇迹，并不是胡夫金字塔的雄壮身姿，而是发生在胡夫金字塔上的数字"巧合"——人们到现在已经知道，由于地球公转轨道是椭圆形的，因而从地球到太阳的距离，也就在14624万千米到15136万千米之间，从而使人们将地球与太阳之间的平均距离149597870千米定为一个天文度量单位（现代科学通过精确测量日地平均距离为149597870千米，大约为15000万千米）；如果现在把胡夫金字塔的高度146.59米乘以10亿，其结果是14659万千米正好落在14624万千米到15136万千米这个范围内。事实上，这个数字很难说是出于巧合，因为胡夫金字塔的子午线，正好把地球上的陆地与海洋分成相等的两半。难道说埃及人在远古时代就能够进行如此精确的天文与地理测量吗? 出乎人们意料之外的数字"巧合"还在不断地出现，早在拿破仑大军进入埃及的时候，法国人就对胡夫金字塔的顶点引出一条正北方向的延长线，那么尼罗河三角洲就被对等地分成两半。现在，人们可以将那条假想中的线再继续向北延伸到北极，就会看到延长线只偏离北极的极点6.5千

米，要是考虑到北极极点的位置在不断地变动这一实际情况，可以想象，很可能在当年建造胡夫金字塔的时候，那条延长线正好与北极极点相重合。

除了这些有关天文地理的数字以外，胡夫金字塔的底部周长如果除以其高度的两倍，得到的商为3.14159，这就是圆周率，它的精确度远远超过希腊人算出的圆周率3.1428，与中国的祖冲之算出的圆周率在3.1415926—3.1415927之间相比，几乎是完全一致的。同时，胡夫

25

金字塔内部的直角三角形厅室，各边之比为3：4：5，体现了勾股定理的数值。此外，胡夫金字塔的总重量约为6000万吨，如果乘以10的15次方，正好是地球的重量！

所有这一切，都合情合理地表明这些数字的"巧合"其实并非偶然，这种数字与建筑之间完美地结合在一起的金字塔现象，也许有可能是古代埃及人智慧的结晶。正如有人所说："数字是可以任人摆布的东西，例如巴黎埃菲尔铁塔的高度为299.92米，与光速299776000米/秒相比，前者正好是后者的百万分之一，而误差仅仅为千分之0.5。这难道仅仅是巧合吗？还是人们对于光速已经有所了解呢？如果不是为了显示设计者与建造者的智慧，也就无需在1889年以修建铁塔的方式来展示这一对比关系。"

事实上，胡夫金字塔的奇异之处，早已超出了地球上人们的想象力。这样，以胡夫金字塔为典型的大金字塔现象，对于地球人来说，也许始终是一个难解之谜。

那么，建造金字塔的古埃及人用了哪些技术呢？

首先在测量学和数学上，古埃及人已能利用几何和三角的知识，估计已对圆周率做过初步计算。

在机械上，已经能用轮子来制造各种轮盘，如车轮等，以减少与地面的接触面积。另外，也已能制作斜面、滑轮等省力的机械装置，使巨大原石块得以运输和堆积。古埃及人为了开采整块的石头，充分利用了物质热胀冷缩的原理。冬天，白天在将要开采的大石头上按需要大小打洞，然后灌上水，过了一夜水结成冰，体积膨胀而起下石头；夏天，他们巧妙地用芦花塞进打好的洞眼里，再灌水，让芦花的体积膨胀，同样可起下大石头。

起下大石块，就用大船来运输。据考察，古埃及人已能造出船身长30米、宽6米的船只，每边船舷用25把桨来划行，大船上共有200名船员。当时有几百艘这样的大船来搬运石块和其他建筑材料。

当然啦，以上的这种制造金字塔的方法，也只不过是科学家长年对金字塔研究的猜测，至今，人们还是对于金字塔的制造不得要领。

而据希腊历史学家赫罗德托斯记载，埃及胡夫国王为了给自己修建陵墓，动员了40万奴隶，每

10万人一班，夜以继日地建造。仅建筑运输材料的道路就花费10年时间，建筑地下室用了10年，塔体建筑用了20年，共费时40年才建成这座雄伟壮观的金字塔。有人做过计算，以一个人每天做8小时计，功率为0.6千瓦，10万人则为6×104千瓦小时，施工40年达50×108千瓦小时。

现在可以想象建造一座金字塔的艰辛了吧！

狮身人面像 〉

狮身人面像（又称为"斯芬克斯"）坐落在开罗西南的吉萨大金字塔近旁，是埃及著名古迹，与金字塔同为古埃及文明最有代表性的遗迹。像高21米，长57米，耳朵就有2米长。除了前伸达15米的狮爪是用大石块镶砌外，整座像是在一块含有贝壳之类杂质的巨石上雕制而成。面部是古埃及第四王朝法老（即国王）海夫拉的脸型。相传公元前2611年，海夫拉到此巡视自己的陵墓——海夫拉金字塔工程时，吩咐为自己雕凿石像。工匠别出心裁地雕凿了一头狮身，而以这位法老的面像作为狮子的头。在古埃及，狮子是力量的象征，狮身人面像实际上是古埃及法老的写照。雕像坐西向东，蹲伏在海夫拉的陵墓旁。由于它状如希腊神话中的人面怪物斯芬克斯，西方人因此以"斯芬克斯"称呼它。

原来的狮身人面像头戴皇冠，额套圣蛇浮雕，颏留长须，脖围项圈。经过几千年来风吹雨打和沙土掩埋，皇冠、项圈不见踪影，圣蛇浮雕于1818年被英籍意大利人卡菲里亚在雕像下掘出，献给了英国大不列颠博物馆。胡子脱落四分五裂，埃及博物馆存有两块，大不列颠博物馆存有一块（现已归还埃及）。像的鼻部已缺损了一大块，据说是拿破仑士兵侵略埃及时打掉的，但这实为讹传。历经4000多年的狮身人面像，现已痼疾缠身，千疮百孔，颈部、胸部腐蚀得尤其厉害。1981年10月，石像左后腿塌方，形成一个2米宽、3米长的大窟窿。1988年2月，石像右肩上掉下两块巨石，其中一块重达2000千克。

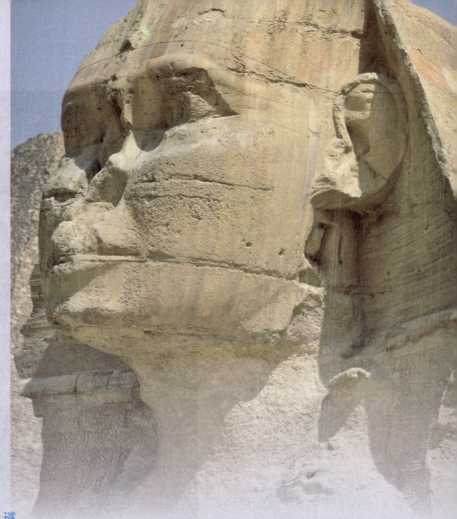

> 斯芬克斯之谜

　　在希腊神话故事里，便有一个狮身人面的怪兽，名叫斯芬克斯。它有一个谜语，询问每一个路过的人，谜面是："早晨用四只脚走路，中午用两只脚走路，傍晚用三只脚走路。"据说，这便是当时天下最难解的斯芬克斯之谜。如果你回答不出，就会被它吃掉。它吃掉了很多人，直到英雄的少年俄狄浦斯给出谜底。

　　俄狄浦斯的谜底是"人"。他解释说："在生命的早晨，人是一个娇嫩的婴儿，用四肢爬行。到了中午，也就是人的青壮年时期，

他用两只脚走路。到了晚年，他是那样老迈无力，以至于他不得不借助拐杖的扶持，作为第三只脚。"斯芬克斯听了答案，就大叫了一声，从悬崖上跳下去摔死了。俄狄浦斯猜中了斯芬克斯之谜，其实就是人的谜、人的生命之谜。

　　公元前 342 年，亚历山大率领一支军队东征到达埃及。他们在雄伟壮丽的金字塔前面，赫然发现了一座巍然耸立的狮身人面像。这些希腊人被惊得目瞪口呆，他们立即把这座狮身人面像命名为斯芬克斯。

29

"法老咒语" >

　　"谁要是干扰了法老的安宁，死亡就会降临到他的头上。"这是古埃及第十八王朝法老图坦卡蒙国王（又简称为图坦国王）的陵墓上镌刻的墓志铭。这个神秘而恐怖的"法老咒语"不仅给作家以创作灵感，更让考古学家着迷。事实真的如此吗？能不能用科学解释那些看似神秘的现象呢？据英国《泰晤士报》报道，埃及古文物学会秘书长、考古学权威扎西·哈瓦斯博士正全力以赴地撰写一部新书，全面驳斥"法老咒语"。他在书中披露，"法老咒语"其实是一种可以致癌的氡气。

　　古埃及法老的神秘咒语盛行于20世纪20年代，1922年英国考古学家霍华德·卡特及其同伴进入图坦国王的墓穴，此后不久，卡特就由于被蚊子叮咬感染而神秘死亡。此后一直到1935年，与图坦卡蒙陵墓发掘工作直接或者间接相关的21名人员先后死于非命，这些人中包括主要发掘人卡特的助手、秘书及其家属等，这个咒语的传说就不胫而走。

　　但科学家一直认为是坟墓中隐藏的病菌导致了卡特的死亡。1999年德国微生物学家哥特哈德·克拉默果真在木乃伊身上发现了足以致命的细菌孢子（有的生物身体长成以后能产生一种细胞，这种细胞不经过两两结合，就可以直接形成新个体，这种细胞叫孢子），它在木乃伊身上可以寄居繁殖长达数个世纪之久。在得知这一重大医学发现之后，埃及科学家哈瓦斯每次发掘陵墓时都要在墓室墙壁上钻一个通气孔，等陵墓内的腐败空气向外排放数小时之后再进入。由于经验丰富，在过去30年职业生涯里，哈瓦斯虽然屡屡"惊动法老神灵"，可时至今日他依然"健在"。

哈瓦斯经过检测发现，尼罗河谷诸法老陵墓的石灰墙内普遍充满了一种叫作"氡"的有害气体，而医学专家早有定论，氡气可以致癌，这也许正是导致部分考古人员患病甚至死亡的诱因。哈瓦斯在接受媒体采访时说："某些别有用心的作家和制片人之所以杜撰出一些耸人听闻的传言，无非是想借机大发其财，与这些流言斗争的最好方法就是告诉人们真相，让人们了解一个真正的古埃及。"据悉，哈瓦斯公布了其检测结果后，埃及亚历山大大学的科研人员对5座尚未挖掘的陵墓做了进一步气体探测，以便将氡气的危害降至最低。

奇异新解：胡夫金字塔曾建"塔中塔" 〉

被列为世界"七大奇迹"之一的埃及金字塔以其神秘色彩一直吸引人类不断探索，其中尤以胡夫金字塔最为神秘。巨大的胡夫金字塔到底如何建成一直是专家研究的课题之一，千百年来争论不休。一名法国建筑师在2007年3月30日提出新理论说，建造金字塔时运送材料的通道是建在金字塔内部。采用这一方法，巨大的金字塔只需要4000人就可以建成。

法国建筑师让·皮埃尔·乌丹在巴黎举行的新闻发布会上宣布揭开了胡夫金字塔建造之谜。他进行的研究结果表明建造金字塔时运送材料的通道是建在金字塔内部。

胡夫金字塔是埃及最大的金字塔，也是世界上规模最大的巨石建筑，又称"大金字塔"。建造中使用了230多万立方米的石块，总重量超过470万吨。经过多年腐蚀后，金字塔现在高度为136.5米，边长230.34米。此前，关于胡夫金字塔的建造顺序有两个理论，其中一个理论认为在金字塔修建面建一个长土坡，利用这个土坡运送建金字塔所需的石材，而且随着工程进展土坡需要不断增高；另一个理论则认为，土坡紧贴金字塔外墙呈螺旋形增高。这两个理论的共同点在于运送石材的土坡都在金字塔外侧。

而乌丹的理论认为，建造金字塔时运送材料的通道是建在金字塔内部。他利用先进的三维技术制作的计算机模拟图形显示，运送石材的通道在金字塔内部形成，距离金字塔外墙10米至15米，在金字塔内部形成一个稍小的金字塔。乌丹指出，他的这个理论建立在法国人吉勒·多尔米翁的研究基础上。多尔米翁在研究金字塔建造方面有20多年的经验。

为了证实他的想法，

乌丹曾与从事汽车与飞机三维图形设计的法国"达索"公司合作，组建了一个由14名工程师组成的研究小组，花了2年时间制作三维图形。根据新发现的建造技术，建造整个金字塔仅需要4000人，而并非此前专家学者所说的10万人。

乌丹在亲身前往埃及访问胡夫金字塔时发现，建造一个外侧土坡工程浩大，所需土方足以建造一座胡夫金字塔，并且随着工程进展，外侧土坡会过于陡峭，给施工带来困难。而建造螺旋状的外侧土

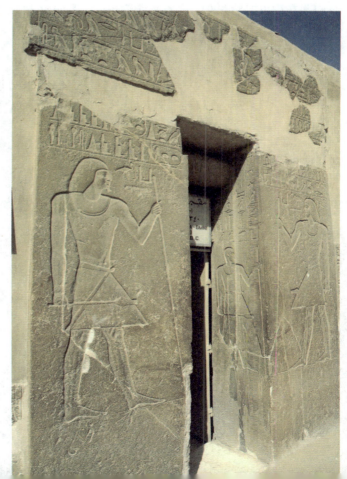

坡可能影响建造金字塔的精确性，而且在施工中容易松动，并且无法保留出足够空间的用于后期建设。

乌丹的理论认为，当时建造金字塔时的确需要建一个外侧土坡，但其仅用于修建一个43米的底座，之后不用继续增高。乌丹说，他提出新理论前考虑了多方面因素，包括当时使用的铜器和石器工具，花岗岩和石灰岩石块，金字塔的位置以及当时埃及人的力量和智慧。乌丹说："古埃及人的特性是节约并追求完美。我们现在说可持续发展，这个观点正是埃及人发明的。他们不会浪费一块石头。

他们完全依靠智慧。"

此外，乌丹还声称发现了关于胡夫金字塔内一个巨大走廊的作用的秘密。他认为走廊又长又窄的形状说明它起到了平衡重量的作用，以承受法老墓室上5条60吨重的花岗岩石梁。"这个理论与此前的两个主要理论都相违背。我教授这两个理论近20年，但内心深处认为它们是错的。"媒体报道说，乌丹打算发动全球专家学者组建一支研究队伍，在得到埃及有关方面同意后，利用雷达和热能探测相机探测胡夫金字塔。

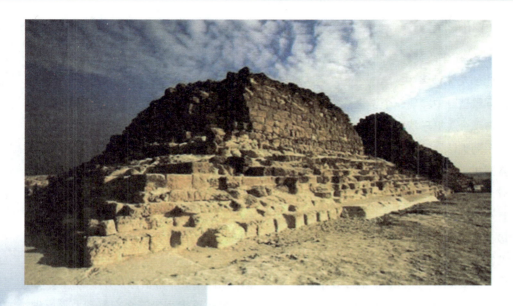

金字塔与未来文明 ❯

　　在许多古代人类文明中都存在着这样一个非常惊人而奇怪的规律：凡是基因残余量越少的文明（譬如印度的摩亨佐·达罗、新大洲的阿兹特克、玛雅文明等），其出现异常性超高度文明迹象的概率往往越大，而像亚特兰蒂斯那样被彻底毁灭的古文明，其所存在的神秘性以及超常发展状况甚至可以堪称世界古文明之冠；反之，能够发展延续并于日后能对全球文明施以重要影响力，或是对现代以及未来世界的人类基因库提供了重要贡献的文明体系（譬如华夏文明以及欧洲古文明），受这方面的影响往往是微乎其微！从更多方面可以表明，的确是未来文明影响过古埃及，而并非是所谓的外星人。

35

⊠ 飞机形状浮雕

1979 年，英籍考古学家韦斯在埃及东北部荒芜沙漠中的 Abydos 古庙遗址内的浮雕壁画中发现一个奇怪现象，就是看见与现今飞机形状极其相似的浮雕，以及一系列类似飞行物体。有一图案状似今日直升机，有图案状似潜艇或飞船，甚至还有 UFO 出现于 3000 年前的古埃及。还有至少三至四个飞行物与今日的飞机形状极为相似。飞机在 19 世纪才开发，但竟然在三千年前的古埃及的壁画中出现。在世界历史中，不少远古民族在发展语言和文字之初，均以壁画记载历史。出现在庙宇中的浮雕，也应该是古埃及人用以记载某一件事或表达某一种意思，但 3000 年前的人可以预言到今日的文明产物吗？在 3000 年前，即使是外星文明曾经降临过古埃及，当时的人亦未必有直升机和潜艇这些概念。并且，如果壁画内的"UFO"是外星人的，又为何要与现代文明的飞机画于同处？

在开罗博物馆的 22 室，陈列着一架木制"飞机模型"，是 1898 年在埃及萨卡拉的一座 4000 多年前的古墓中发现的，编号为"物种登记"第 6347 号。这个模型与现代飞机非常相似，并成功通过"风洞"实验鉴定完全符合空气动力学原理，可以飞行相当长的距离。近 100 年以来，此类模型在埃及共发现过 14 架。

⊠ 一枚美国现代银币

1964 年初，一个由法国考古学家组成的考古工作队在尼罗河畔最早出现人类活动的地区发现了一座距今已有 4000 年历史的太阳神庙废墟。他们在一块古老的石碑下，发现了一枚深埋在地下的银币。奇怪的是，这不是一枚古埃及银币，而是一枚美国银币；更加奇怪的是，这又不是一枚美国古银币，而是一枚现代银币。最不可思议的是，这是一枚已经铸造好、准备在 1997 年才进入市场流通、面值 25 美分、尚在警戒森严的美国金库中"留守"的未流通银币。美国的现代银币，为何"跑到"4000 年前的古埃及庙宇中？

著名考古学家威夏劳·勒加博士在埃及尼罗河畔一座古墓中发现过一台完好无损的类似彩色电视机的仪器。它只有一条线路，只能接收一个电视台的节目。它有 4 个三角形的荧光屏，屏的四周都镀了黄金，它的机件是由当今世界最先进的金钛制造的。而在对于外星人的研究中，从未确定过地外人使用的是地球上所已知的物质。

埃德加·凯西是 19 世纪的大预言家，他自称接到过有关大金字塔和狮身人面像来历的超自然信息，预言每当世纪之交的时候，有关金字塔或者其他古信息就会被发现，他当时预言的人类在 19 世纪末，将发现胡夫金字塔入口的消息后来被证实

是准确的（胡夫金字塔的原始入口 1881 年被英国探险家霍华德·维斯打开）。埃德加更大的预言是：在狮身人面像的爪子底下或金字塔底下有一个规模浩大的地下"档案馆"，"档案馆"里收藏着有关人类起源和智能发源的原始资料！这个地下的"档案馆"被发现的时间是 20 世纪的 90 年代末。让人感到吃惊的是，美国和英国科学家在 20 世纪 90 年代末用地震勘测法得到的结果表明，在狮身人面像的地底下确实存在一个规模庞大的地下建筑群。

37

拯救金字塔 〉

　　埃及堪称金字塔大国，金字塔的意蕴和重要性早已超越其作为埃及古代国王陵墓本身的范畴，而成为埃及乃至人类璀璨文明的具象代表。正因为金字塔这一人类早期文明的曙光已经放射了太长的时间，所以，它的沧桑和迟暮更显而易见。在埃及境内迄今发现的百余座金字塔中，许多已经残败不堪，几近废墟，即使保存相对完好的开罗西南郊吉萨高地上胡夫祖孙三代的金字塔，也有不同程度的被风化、侵蚀和损毁现象，最大的胡夫金字塔高度已经比最初时降低了10米左右。其中受损度最令人触目惊心的，当属被公认为人类第一座金字塔——阶梯金字塔。

　　2011年8月初，埃及文物最高委员会有关维修和加固阶梯金字塔的决定引起了中东媒体的一片喝彩声，有关各方更是闻风而动，千方百计拯救行将泯灭于茫茫沙海之中的这座古老的金字塔。

从首都开罗驱车南行，不到半个时辰就可到达萨卡拉高地。著名的阶梯金字塔就坐落在这里，因为所处地关系，阶梯金字塔又被称为"萨卡拉金字塔"。它是埃及所有金字塔的鼻祖，塔主是古埃及第三王朝法老乔塞尔，距今已有近5000年的悠久历史，所以在享有殊荣的同时，它也不可避免地遭受着岁月的剥蚀。站在它面前，能够感到石块在松动、脱落。可以想象，金字塔的身躯千百年来忍受着利剑般风沙的无情劈砍，其结果会怎样？还有似火骄阳的炙烤，经年累月，金字塔其境何堪？最致命的要数地震了。管理员阿卜杜介绍说，历史上，萨卡拉一带发生过多次地震，有的震级很高，最近的一次发生在1992年，阶梯金字塔的根基被动摇了，建筑结构开始出现可怕的错位现象，整个塔身摇摇欲坠，随时都有坍塌的危险。"近些年情况更糟糕，人们常常看到疏松的土从上面落下来，塔身也好像在摇晃，仿佛在承受着痛苦的折磨。"

　　为了解除阶梯金字塔不堪承受之苦，埃及开始行动了。庞大的脚手架已经在阶梯金字塔的四周架了起来。受雇进行修复作业的英国科技小组颇有创意地带来了一些巨大的气囊。这些气囊原本用于军事，里面充满水后，可延缓并阻挡炸弹爆炸时形成的强大冲击波。原来，技术人员是从拆弹气囊受到的启发，用它来支撑快要倾覆的金字塔顶。所不同的是，金字塔内部很干燥，而且塔顶的岩石嶙峋，棱角尖利，这样，气囊注水后，有可能会被刺破，金字塔内就将"水漫金山"。于是，技术小组创造性地改为在气囊里注入压缩空气，用来顶住金字塔顶部，以方便维修人员在塔内作业。

　　下一步，技术人员将用钢筋，以斜角状贯穿金字塔的一层层阶梯，使六层阶梯之间紧密相连。这就好比人体吸收了钙，使骨骼强壮起来。据说这些特制的钢筋坚固异常，炸弹都炸不坏，在萨卡拉高地夏季50多摄氏度的高温中，它们很容易膨胀，与金字塔融为一体，很好地起到加固塔身的作用。

　　一切都在有条不紊、小心翼翼地进行，如同悉心呵护一件易碎的瓷器。技术人员承认，阶梯金字塔受损度

比想象的厉害。难点还在于，修复后金字塔的外观必须保持原状，不能有丝毫走样，这对加固、维修工作的精细度提出了十分苛刻的要求，但技术人员有信心完成这项意义非凡的"抢险"工程。

"萨卡拉阶梯金字塔病了，我们在给它疗伤，愿它在各方救援下早日痊愈，恢复生机，以健全的体能、体魄和活力重新面对来自世人的虔诚瞻仰。"埃及媒体的这番话，表达了世人的共同心声。留住人类早期文化遗产，阻止金字塔走向衰亡的脚步，埃及人的态度是值得称道的。企望垂危的金字塔重新焕发出耀眼光芒！

JIN ZI TA DE WEI DAO

● 玛雅金字塔

玛雅金字塔是玛雅文明的代表,足以与埃及人的金字塔媲美。玛雅金字塔和埃及金字塔有所不同,外形上,玛雅金字塔是平顶,塔体呈方形,底大顶小,层层叠叠,塔顶的台上还建有庙宇;功能上主要用以举行各种宗教仪式,只有少量玛雅金字塔具有陵墓的功能。

玛雅文明大约发端于公元前1800年,作为古玛雅城市遗址,奇琴伊察位于墨西哥尤卡坦州南部。南北长3千米,东西宽2千米,有建筑物数百座,是古玛雅文化和托尔特克文化的遗址。"奇琴"意为"井口",天然井为建城的基础。奇琴伊察始建于公元5世纪,7世纪时占地面积达25平方千米。玛雅人在这里用石头建造了数百座建筑物,这是玛雅文明发展到鼎盛时期的产物。这些建筑不仅高大雄伟,而且雕有精美的装饰纹,显示出古玛雅人高超的建筑艺术水平。

库库尔坎金字塔 ›

奇琴伊察的中心建筑是一座耸立于热带丛林空地中的巨大金字塔，名为库库尔坎金字塔。"库库尔坎"的原意是"舞蹈唱歌的地方"，或表示"带有羽毛的蛇神"。库库尔坎金字塔在公元前500年—公元前475年建成，那时这里居住着从事农业的纳瓦人，他们在这里兴建了几座举行宗教礼仪的大建筑，人们称之为"金字塔"。库库尔坎金字塔是一座用土筑成的9层圆形祭坛，高约30米，四周环绕91级台阶，加起来一共364级台阶，再加上塔顶的羽蛇神庙，共有365级，象征了一年中的365天。这座古老的建筑，在建造之前，经过了精心的几何设计，它所表达出的精确度和玄妙而充满戏剧性的效果令后人叹为观止：每年春分和秋分两天的日落时分，北面一组台阶的边墙会在阳光照射下形成弯弯曲曲的七段等腰三角形，连同底部雕刻的蛇头，宛若一条巨蛇从塔顶向大地游动，象征着羽蛇神在春分时苏醒，爬出庙宇。每一次，这个幻像持续整整3小时22分，分秒不差。这个神秘景观被称为"光影蛇形"。库库尔坎金字塔，是玛雅人对其掌握的建筑几

玛雅金字塔与埃及金字塔的不同之处 〉

1.高度：玛雅金字塔的高度远不及埃及金字塔（埃及最高的金字塔为胡夫金字塔，原高146米。玛雅最高的金字塔为"蒂卡尔4号神庙"，高75米）。

2.数量：玛雅金字塔的数量远远超过埃及金字塔，仅在墨西哥境内，人们就发现了10万多座金字塔。

3.外观：玛雅的这种塔式建筑从外观上看，顶部多为平台，上面建有神庙，而且可以拾级而上；埃及金字塔则是锥顶。

4.功能：埃及金字塔都是法老们的陵墓，玛雅金字塔主要用以举行各种宗教仪式，只有少量玛雅金字塔具有陵墓的功能。

何知识的绝妙展示，而金字塔旁边的天文台，更是把这种高超的几何和天文知识表现得淋漓尽致。

在库库尔坎金字塔的东面有一座宏伟的四层金字塔，被称为勇士庙，庙的前面和南面是一大片方形或圆形的石柱，名为"千柱群"，这些石柱过去曾支撑着巨大的宫殿。它的入口处是一个用巨大石头雕成的仰卧着的人的形象，他的胸部托着一个圆盘，里面可能装着一些祭祀物，如人的心脏等，古玛雅人称它"恰克莫尔"神像，它的后面是两个张着大嘴的羽蛇神。环绕着这片中心区方圆几千米内还有很多奇琴伊察旧城的石砌建筑，都是同一时代的遗址。

45

神秘的玛雅文化 〉

⊠ 发现玛雅古墓

玛雅文化是人类古代文明中的一朵奇葩，它有许多令人惊叹和不解之处，莫切文明则是这朵奇葩中最珍贵、最神秘的部分。

据媒体介绍，3000 多年来，这 3 座装满惊世宝藏的玛雅古墓一直隐身于秘鲁北部海岸的一座神秘的巨型金字塔内。这座金字塔位于 20 世纪 80 年代末发现玛雅帝国王陵的锡潘正南面的一个叫"双头"的地方。

领导古墓发掘工作的是美国著名考古学家、加州大学教授克里斯托弗·唐南，在经过了 3 年的艰苦工作后，他和他的由美国国家地理协会资助的考古小组终于"大功告成"。唐南把打开古墓的那一刹那的感觉形容为"如同阿里巴巴闯进了四十大盗的神秘藏宝洞"。

参加过玛雅考古或者对玛雅考古有所了解的人都知道，莫切人古墓里的珍贵文物最多，特别是莫切权势人物死后，他们被埋入砖砌的金字塔里，随葬品是他们生前用过的所有金、银、铜、陶器皿和穿过的丝织物。正因如此，莫切古墓往往十室九空。据记载，在有史以来发现的 350 座莫切古墓中，只有不到 15 座发现有陪葬的金或银器皿，而且数量少得可怜。所以，当唐南教授和他的同事们掘开最后一层墓砖，阳光透过墓室的一刹那，首先映

入他们眼帘的是一片绚丽的色彩：数不清的金、银、铜器在尘封 3000 年后遇到第一缕阳光时仍发出灿烂的光芒；图案美丽的陶器显示出与众不同的品位；色彩艳丽的壁画就像昨天刚刚绘上去一般；成捆的织物静静地放在暗处，似乎可以马上拿出来剪裁！

唐南教授惊叹地说："陶器和金属器皿的数量如此之多，用惊人来形容一点也不过分。在我 35 年的莫切文化考古生涯中，我对考古史上发现的 350 座莫切古墓了如

JIN ZI TA DE WEI DAO

指掌，但没有一座古墓能跟这3座古墓中的任何一座相比。"这些古墓的重要性堪与20世纪80年代末发现的玛雅帝王的陵墓相比，甚至还可能超过那些玛雅帝王墓！

最让唐南和他的同事们感到振奋的是，如此众多的金、银、铜器上还绘满了莫切人当年打猎、捕鱼、战争、处罚、性事和祭奠的场景。尽管这些器皿已经在金字塔中历经了数千年，但器皿上的图案宛如刚刚刻上去时一样栩栩如生，这是没有文字的莫切文明的最好记载。

唐南透露说，目前3座古墓中的财宝均已挖掘完毕，现在保存在秘鲁的一家博物馆里，他们准备精选其中一部分，在意大利的佛罗伦萨举办首次公开展出。

除了随葬品，更让唐南教授和他的同事们感到震惊的是，他们在3座古墓里发现了3具非同寻常的骸骨——3具"巨人"的骨架。之所以称他们是三人，是因为这些骨架身长都在1.8米以上，而普通的莫切男性身高平均又为1.49米，能达到1.7米的莫切男性已经微乎其微。唐南教授说："即使按今天的人类身高标准来看，这3个人的身高也不同寻常。更让我们感到震惊的是，挖掘现场的每一个人都不约而同地觉得这3具神秘的骨架有某种说不出来的诡异感。我是一个考古学者，也是一个科学家，我不迷信，也从未相信过存在非人类的其他智慧生物，但我当时真真切切有种异样的感觉。我觉得他们至少不是普通的人，我不知道在接下来的考证中能否找到这3个巨人身份的答案。 在美国《国家地理》杂志上，唐南只能暂时认为这3个巨人可能是患有类似的马方氏综合征（一种臂、腿、手指和脚趾先天细长、两侧晶体

47

状异位及有其他身体缺陷的病症）。

还让唐南教授感到不解的是，这3个巨人墓葬的方式跟过去发现的其他莫切人墓葬方式大不一样：3个巨人的墓室全部建在高大神秘的金字塔内，每个墓室外面各有一个小坟墓。打开这3个小坟墓，里面各埋有一个头朝南仰面向上的铜像。考古小组打开了3个真正的墓室，仔细观察了3个巨人躺的姿势之后，他们确认这3个小铜人代表的就是这3个巨人。这3人中显然有一个拥有无上的权力：他的墓室装饰得比其他墓室豪华，陈列的陶器、铜器、金器比其他墓室多；他的脸上罩着一个大铜碗、一张制作精美的铜面具和一张精美绝伦的金面罩；他的嘴里含着5件形状古怪、类似某种现代机器的金质饰物！

此外，它跟其他两个墓室比起来最不同寻常的是，里面居然完好保留着18件状似王冠的头饰和堪称当时最先进的武器——战棍、长矛和镶金盾牌。跟这个巨人同居一室的还有一个年轻女性的骸骨和一具美洲驼的骨架。

从对3座古墓的初步考证，唐南教授认为它们应属于莫切一世时期，也就是莫切文明最初的阶段，因此，他们这次打开的不仅仅是3座文物宝库，同时也打开了有关莫切人甚至可以说是玛雅文化的一个图书馆，这对于了解莫切文化的起源、发展有不可估量的价值。玛雅古墓的发掘，把人们带回到遥远的神话中，远古的墓穴透过重重掩盖的林木，仿佛在向人们展示着它曾辉煌一时的奇迹。

⊠ 丛林中的文明奇迹

1893 年，一位英国画家在茫茫的中南美洲山林和荒野中发现了一座城堡的废墟。那巨大的基石雕刻着精美的饰纹，石铺的马路仿佛依稀可见当年车水马龙的景象。先进的排水管道，标志着往日都市的繁荣；倒塌的宫殿残壁和废迹说明当年古城的喧嚣和繁华。

如今这些石料，无不苍苔漫漶，或被芒草和荆棘深深掩盖，或被蟒蛇般行走的野藤紧紧缠裹。从马路和房基上破土而出的树木，无情地掀翻了石板，而浓荫逼人的树冠，则急不可待地向废墟上延伸，仿佛急于掩盖某种神秘的奇迹。

如此荒蛮的自然景象与异常雄伟的人工遗址形成巨大的反差，令人们久久激动，不能自禁。

这就是被神秘包裹的玛雅都城，一个让考古工作者百思不解的玛雅之谜。

丛林中发现的这个城市披露之后，举世震惊。20 世纪以来，一批又一批考古人员来到洪都拉斯，随后他们又把寻幽探胜的足迹扩大到危地马拉、墨西哥、秘鲁以及整个南美大陆。

据统计，各国考察人员在南美洲的丛林和荒原上，共发现废弃的古代城市遗址达 170 多处。它为人们展示了一幅玛雅人北达墨西哥南部的尤加坦半岛，南达危地马拉、洪都拉斯，直抵秘鲁的安第斯山脉广泛的活动版图。它告诉人们，玛雅人于 3000 年前，就在这块土地上过着安定的生活。

没有巨大的精神和物质力量的保证，美洲人无法创造出这种奇迹。考古学家证实，在创造这一系列的奇迹时，玛雅人已进入富足的农耕社会，并独立创造了属于自己的文字。

⊠ 解读文明的谜语

　　走进玛雅都城遗址，展现在眼前的是一个个让人难以说清的远古奇迹，一个个让人难以解开的谜团：玛雅金字塔高耸入云，造型奇特，巨人石像方阵令人迷惑不解，人们不禁会问：如此巨大的金字塔在远古时代是怎样建造的？巨石阵有什么作用？难道只是一种崇拜的象征？是否有其他更深的意义？没有人能准确回答。

　　远古的玛雅人不仅创造了神奇的地面建筑，而且还奇迹般地创造了玛雅文化，它们也给后世留下太多令人费解的迷思。

金字塔的"味道"

⊠ 谜一 为何在密林建圣都

玛雅文明所展开的地域极为宽广。以危地马拉贝田州的热带雨林为中心,根据考古学家的发掘,玛雅文明正是诞生于此地,从公元前 1500 年左右起,至西班牙人入侵的公元 1500 年止,约 3000 年间,绽放出深具光辉的文明。现在我们所需了解的是,所谓的热带雨林是个什么形态的地方。

丛林被平均 3 米高的杂草、桃花心木等巨树(高 3—5 米)覆盖着,因此连白天也都处于黑暗中。美洲猪、美洲虎、豹、鹿等动物穿梭于丛林间。起伏的沼泽中,则有毒蛇、毒蜥蜴、巨大的蚂蚁和毒蜘蛛等栖息。由于常有骤雨,因此土地十分潮湿,而湿热的气候就成了疾病流行的最佳条件。

埃及等旧大陆的古代文明,都是因受惠于河岸边的肥沃土壤,才得以孕育出灿烂的文化,而玛雅文明则是在如地狱般的环境中历经了 3000 年的时光才建造出光明都市的。

第一则谜即是由此而来的。玛雅族为何要悄悄地隐藏起自己,并在这黑暗之地建造壮丽的石造都市群呢?

旧约《圣经》中说,玛雅人是以色列的"失落的 10 部族"后裔,在此具有奇妙的说服力。因为隐身于密林中,并建造圣都,其理由必定只是在于隐藏自己。不过,这种说法不为科学院派的学者所认同。

⊠ 谜二 建造巨大石造都市群的技术习于何处

沉眠于危地马拉北部、贝田的密林中的迪卡鲁，是新大陆最大的遗迹，也是"玛雅最古老的都市"，面积为 16 平方千米。现已在此发现许多神殿、宫殿、僧院等等的石造建筑群 1 平方千米约有 200 个，共3000 座以上。

这座迪卡鲁遗迹的中心，位于 3 方被弯白的山谷所环绕的台地上，神殿群则在山谷和森林之间。在此处挖掘的"时间的石碑"上，刻有最古老的日期 292 年和最新的日期 879 年的志铭。可想而知，这期间的 600 年应是迪卡鲁文明的最盛期。在这儿又面临了一则新的谜。

他们未建造连接都市和密林的道路，即使已经过详细的挖掘调查，也仍未发现这种道路。从此处可以得知，他们虽知道车轮（出土附有车轮的玩具），但未实用化。既无搬运货物的家畜，且至玛雅黄金时代崩颓为止，也全未使用金属。

那么，建造大金字塔的巨石来自何处？如何搬运呢？根据都市所在的位置，巨石必须从 10 千米外的场所搬运过来。凿出数吨的石头，再切成块状，并堆砌到高达 70 米，他们采用的究竟是什么样的技术呢？

玛雅人既不用车轮，也不借助家畜之力，更不用金属（如起重机等等）。因此，他们应是凭借人力，用石器建造出这么多的巨石建筑群。可是真的有这种可能吗？

根据考古学家的研究，玛雅人的生活是靠石器时代玉米农业支撑的。如果他们是靠此维生，那么他们又是如何学会连现代都感到难度相当高的建筑技术呢？谜愈来愈深了！

金字塔的"味道"

JIN ZI TA DE WEI DAO

⊠ 谜三 他们为何突然消失

玛雅文明最大的谜是,文明已达兴盛的丛林玛雅,为何在公元9世纪左右,几乎同时从热带雨林的丛林深处灭亡了。

玛雅灭亡的踪迹,已经明显地残留在各都市的"时间石碑"上。古典期玛雅的都市,在其历法(每7200日)终了时,都会留下巨石纪念碑,可是,公元790年时,却有19座密林都市消失了。接着于810年时,减少为12座,830年时则减少至只剩3座。

虽然历史上也常见到民族因战争而灭亡,但玛雅各处却无战争的痕迹,丛林玛雅就像烟一般地消灭了。

除此之外,也无丛林玛雅迁往他处的踪迹。黄金时代的玛雅文明,在颇具规模的圣都中兴建金字塔、神殿、宫殿及台球场,为玛雅带来和平繁荣,但在培育文明的密林中完全消灭了,既未留下文明的继承者,也未留下任何传说。

黄金时代的玛雅文明虽然消失了,但在尤卡坦半岛上,独自发展的尤卡坦玛雅人为何得以生存下来一事,可从挖掘席比查尔顿遗迹中获得答案。这座都市从公元前1500年至西班牙入侵的15世纪为止,实际存在3000年的岁月。因此,并非是创造黄金时代的玛雅文明的丛林玛雅移居

54

至此地的。

　　尤卡坦玛雅是于西班牙人入侵之前，因飓风和流行热病、内乱才衰亡的。可是，有关9世纪时灭亡的丛林玛雅的消灭却至今都毫无线索可追寻。诚如前述，所有的玛雅文明笼罩着一层谜，就像是拒绝我们去解析般地闭锁于黑暗之中。

　　的确，至目前为止，已有许多关于9世纪的玛雅灭亡一事的假设说法。如洪水、地震、飓风等等的天灾异说；传染病说；因人口膨胀、反复从事火田工作而引发农地贫瘠的经济问题说；外敌入侵、都市间的战争、农民的叛乱等等的社会问题及集体自杀说，众说纷纭，但无一种说法有充足的证据让人相信。

　　后来，有人想就美国的艾力克和哥雷克尔兄弟所提倡的"玛雅＝外太空人起源说"，试图从其他方面来探索几则玛雅之谜，也许在绕了很大的圈子后，现在才转入正题。艾力克兄弟提倡玛雅人等于外太空人说的重要根据在于玛雅的"卓金历"，是将一年定为260日。亦即，他们认为具有如此高水准天文学的玛雅人，并非是要编造公转周期中毫无根据的"卓金历"，此历只是玛雅人用来表明他们从自己的故乡、地球外的行星到此地的历法。

　　如果"卓金历"是玛雅人故乡的行星历法，那么也就可以得知这颗行星是什么

形态的行星了。公转周期为 260 日的行星，应是位于金星和地球中间，且此行星上也十分温暖。故古典期的玛雅人选择地球上的热带丛林居住，也可印证此点。

据他们兄弟所言，"外太空人＝玛雅人"是数十万年前，为采矿而离开故乡的行星，来到 X 行星的。但由于 X 行星发生大事故爆炸，所以才到地球上避难。他们最初居住的地方是温暖的南极，但其后因冰河期来临，故移至北方，最后所抵达之处就是中美的密林。

他们所提倡的说法中，有几点能对目前的问题提供解答。

一、诚如旧时代的文明在那儿兴盛一样，他们故乡的行星供给他们食物，也有太空船，所以玛雅族不必居住于肥沃河川的流域。

二、文明时代的玛雅人，因拒绝和当时还处于原始社会的地球人接触，所以虽然建造了深具文化水准的都市，但仍采取封闭的政策。

三、为了建造石造都市群，他们也使用当时还未有的种种工艺技术及利用原住民为其原动力。

四、大部分被视为"奉献给神的祭品"的宗教仪式，其实是地球人的人体解剖及医学手术。这些牺牲品的场面也残留在雕刻及壁画中。

五、玛雅人之所以于 9 世纪离开地球，是因为墨西哥高原的印第安人发动战争，欲将玛雅文明占为己有。于是玛雅人将所有的设备、器具放在太空船上，飞向外太空。

有一册大概能证明这种说法的书籍，那就是 18 世纪初，由基督教的神父法兰西斯·喜梅奈斯所发现的《波波尔乌夫（危地马拉州印第安的起源历史）》，书中几乎未记述玛雅人自己的事，而是玛雅人自身的"神话"。

这本玛雅的"古事记"是用玛雅系奇吉族的语言写成的。若根据此书的记载，那么人类和世界就曾被创造 3 次，并毁灭 3 次。而于第 4 次时，创造了现在的世界和人类，但奇吉族的祖先说他们的民族与传说中的祖先完全不同。

"他们只要瞪目而视的话，就立即能从近处起一直看到天空和圆形的地表（他们甚至也已知道地球是圆的）。除此之外，他们甚至能一动不动，就看到远处的东西，并予以正确的判断。"——这是追寻玛雅文明之谜的一则假设的说法。总之，有关在人迹罕至的热带丛林地带，建造世界最大的超文明，又在不为人知的情况下，消失的玛雅人之谜是过于深奥了。究竟何时才能查明其全貌呢？

金字塔的"味道"

⊠ 谜四 抛弃文明之谜

美洲大陆平地崛起的玛雅文明，的确令那些学识渊博的历史学家大感困惑。这种从天而降的文明，缺少渐进的迹象，却充满各种推测和假说，像一幕匆匆开场的灿烂的历史剧。

公元 830 年，科班城浩大的工程突然宣告停工。公元 835 年，帕伦克的金字塔神庙也停止了施工。公元 889 年，提卡尔正在建设的寺庙群中断了。公元 909 年，玛雅人最后一个城堡，也停下了已修建过半的石柱。这情形令我们联想到复活节岛采石场上突然停工的情景。

这时候，散居在四面八方的玛雅人，好像不约而同地接到某种指令，他们放弃了世代为之奋斗追求、辛勤建筑起来的营垒和神庙。离开了肥沃的耕地，向荒芜的深山迁移。

现在我们所能看到的玛雅人的那些具有高度文明或历史文化遗址，就是在公元 8 世纪至 9 世纪间，玛雅人自己抛弃的故居。如今的游客徜徉在这精美的石雕和雄伟的构架面前，无不赞叹、惋惜，而专家学者们却陷入深深的困惑之中。

玛雅人抛弃自己用双手建造起来的繁荣城市，转向荒凉的深山老林，这种背弃文明、回归蒙昧的做法，是出于自愿，还是另有原因？

一些专家的思路更新奇，他们认为要寻找玛雅人迁入深山的原因，可以先反过来看看他们怎样选择自己定居的故土。我们已知的这些玛雅人最古老的城市，都不是建设在河流旁。从各民族的早期历史来看，他们的文明都离不开河流。

JIN ZI TA DE WEI DAO

58

玛雅人却偏偏把他们那些异常繁荣的城市，建筑于热带丛林之中，这是颇有意思的。

神奇的玛雅文明是以一夜之间在南美大陆广修金字塔为开端的。这就好比一场戏，没有过门和序曲，幕一拉开，玛雅人就登场上演了一出壮观的历史剧。他们给历史留下没有任何解释的大迁移，就好像匆匆落下的帷幕，使这场波澜壮阔的历史剧到此戛然而止。热带丛林的野藤和苔藓，悄悄掩盖起玛雅人的足迹，只有那残塌的废墟向游人眨着疑问的眼睛。

玛雅人的贡献 >

⊠ 数学

古代的玛雅人有许多重大的科学发明，其中最最杰出的贡献是数学。世界上最早发明"0"的是玛雅人。玛雅人的这个发明比欧洲人从阿拉伯商人那里知道印度人发明"0"数的概念足足早了1000年。

玛雅人的数字符号很简单，总共只有3个。他们用一个实心的小圆点表示1，一横表示5，一个贝壳表示0。其余数字都由这三个符号拼凑叠加而成。

算术发展于印度和中东，以"十进位"法求出所需的数目，而玛雅人在那时已知相对值的用处及20进位法。20进位法是用人的手指加脚趾合在一起的计算方法。他们把大数目用纵行表示，从最下面起朝上念，垂直进位。由1而20，由20而400，由400而800，由8000而16000……20以下的数目用一个象形图来表示。

玛雅人的20进位法使用两个记号：点和线。这正是今天电脑的基础。这种方法非常适用于天文数字的计算，在危地马拉的基里瓜发现的象石标形的雕刻石柱中，甚至记载着9000年到4亿年的数字。

⊠ 天文历法

玛雅人根据农业生产的需要，运用发达的数学准确地推知了月亮及金星等行星的公转周期，并创造了多种历法。

第一种以太阳为计时标准，把一年分为 18 个月，每月都有自己特有的名称，加耕种月、收割月等，每月 20 天，最后再加 5 天禁忌日，一年共为 365 天。每过 104 年，再加 25 天。这是世界上最早和最准确的阳历，比现在各国通用的格里高利历（即公历）还要准确。

第二种历法也是以太阳为计时参考，一年分为 13 个月，每月 20 天，每天有自己的名称，一年为 260 天。玛雅人称一年有 18 个月的年为"哈布"年，360 天为一"吞"，20 吞为一"卡吞"，即卡年，共计 7200 天，20 卡年为一"巴吞"，有

1440004 天。最大的称为"阿劳吞"年，共有 230·4 亿天，即 6300 多万年。如此庞大复杂的历法，在世界其他古文明的历法中尚未见到。

此外，玛雅人还有以月亮为参照体系的太阴历。我们现在所使用的月历，一年以 365.2425 日计算，玛雅当时的天文学家计算为 365.2420 日，根据目前最先进的天文计算机计算，一年应该是 365.2422 日。由此看来，古代玛雅人所使用的月历，比通常使用的月历还要正确，其误差只不过是 0.0002 天，换算成秒，一年只差 17.28 秒。简直难以想象古代玛雅人是怎么计算出如此精确的天文数字的。

61

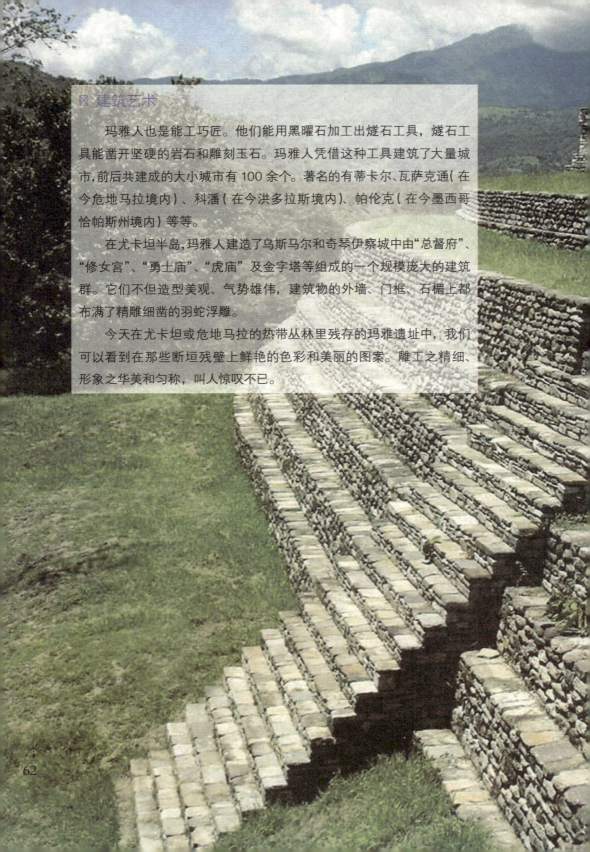

⊠ 建筑艺术

玛雅人也是能工巧匠。他们能用黑曜石加工出燧石工具，燧石工具能凿开坚硬的岩石和雕刻玉石。玛雅人凭借这种工具建筑了大量城市，前后共建成的大小城市有 100 余个。著名的有蒂卡尔、瓦萨克通（在今危地马拉境内）、科潘（在今洪多拉斯境内）、帕伦克（在今墨西哥恰帕斯州境内）等等。

在尤卡坦半岛，玛雅人建造了乌斯马尔和奇琴伊察城中由"总督府"、"修女宫"、"勇士庙"、"虎庙"及金字塔等组成的一个规模庞大的建筑群。它们不但造型美观、气势雄伟，建筑物的外墙、门框、石楣上都布满了精雕细凿的羽蛇浮雕。

今天在尤卡坦或危地马拉的热带丛林里残存玛雅遗址中，我们可以看到在那些断垣残壁上鲜艳的色彩和美丽的图案。雕工之精细、形象之华美和匀称，叫人惊叹不已。

● 阿兹特克金字塔

墨西哥是一个非常古老的国家。当年在它的河谷地区,曾经有一个自立的国家。古代墨西哥人,从最早的部落居民奥托密人经过托尔蒂克人和契契梅克人一直到阿兹特克民族,千百年以来,他们在斗争中融合了各种文化。阿兹特克民族最后建立了伟大的特奥蒂瓦坎帝国。但是后来这个帝国又被基督教征服者变成了新西班牙总督制管辖区。

永恒的墨西哥活在迭戈·里维拉的壁画之中,活在特奥蒂瓦坎城之中。墨西哥在特奥蒂瓦坎有自己的太阳金字塔和月亮金字塔,墨西哥活在自己的文化之中。

太阳金字塔和月亮金字塔是墨西哥的重要文化古迹之一,它们以其宏伟、独特的建筑风格和难解的谜团闻名于世,每年吸引着众多的海内外游客。太阳金字塔和月亮金字塔是印第安人阿兹特克文化中特奥蒂瓦坎古城遗迹的主要组成部分。它坐落在墨西哥城东北40千米的波波卡特佩尔火山和依斯塔西瓦特尔火山山谷间,面积20多平方千米。"特奥蒂瓦坎"在印第安语中的意思是"众神之

都"。

太阳金字塔是特奥蒂瓦坎遗迹中最大的建筑,也是中美洲最大的建筑之一。建于公元2世纪,呈梯形,坐东朝西,内部以250万吨泥土和沙石堆建而成,外表铺砌和镶嵌着巨大的火山石,石头上雕刻着五彩缤纷的图案。塔体100万立方米,分5层,高65米,正面共有236级台阶,可直通塔顶。塔顶曾有一座20米高的太阳神庙,是古印第安人祭祀太阳神的地方。

月亮金字塔比太阳金字塔晚建约200年,坐北朝南,塔体38万立方米,分4层,高46米,200多级的阶梯直通顶端,每一步梯级倾斜角度都不一样,耐人寻味。外部叠砌的石块上绘有色彩斑斓、带羽毛项圈的蛇头和用玉米芯组成的象征

65

雨神的许多壁画，塔前的宽阔广场可容纳上万人。

太阳金字塔和月亮金字塔分别位于特奥蒂瓦坎古城主要街道"黄泉大道"的东侧和北端。"黄泉大道"全长4千米，宽45米，南北纵贯全城。街南端为古城的大建筑群，是当时宗教、贸易和行政管理中心，如今已成为博物馆、商场和管理办公室的所在地。对面是占地6.75万平方米的城堡，里面有一座羽蛇神庙。现在庙宇已毁，但庙基尚存，庙基斜坡上的羽蛇头栩栩如生。街北端西侧是著名的蝴蝶宫，这是当时古城最繁华的地区。宫内石柱

上刻有十分精致的蝶翅鸟身浮雕，形象生动，色彩鲜艳。特奥蒂瓦坎的太阳金字塔月亮金字塔无论从其建筑规模还是建筑艺术来说，都可与埃及的金字塔相媲美。

据史料记载，特奥蒂瓦坎古城居民最早出现在公元前800年，到公元450年，该城全盛时期人口多达20万人。当时农业相当发达，手工业也有一定规模。古城逐渐成为宗教、政治、经贸和社会文化的中心。特奥蒂瓦坎城的影响还扩展到危地马拉等中美洲国家，是世界大都市之一。直到公元8世纪初，这座古城突然被

废弃成为废墟，居民也随之消失。对于特奥蒂瓦坎古城从昌盛走向消亡的原因众说纷纭。一种说法是由于托尔特克人入侵、焚毁所致，居民因此向南迁徙，直至危地马拉的广大地区；另一种说法是因瘟疫流行，居民向北迁移并创造了图拉文化。

科学家们对太阳金字塔和月亮金字塔迄今也没有得出一个统一的结论。考古学家发现，太阳金字塔的地基底下是个天然溶洞，溶洞尽头的四个密室里发现不少古代祭祀文物，但没有棺椁。因此，他们认为，与埃及的金字塔不同，特奥蒂瓦坎的太阳金字塔不是陵寝，而是一个祭神的场所。

近年来，有的天文学家还提出一种新的观点，认为特奥蒂瓦次太阳金字塔和月亮金字塔的坐向跟银河系的星象坐标有着某种微妙关系。墨西哥的科学家们也试图用最先进的介子探测器在特奥蒂瓦坎太阳金字塔内部拍摄透视图，以解开千年谜团。但不论怎样，特奥蒂瓦坎遗址精湛的壁画、雕刻和彩绘陶器都是墨西哥古印第安文化的瑰宝，是印第安人勤劳勇敢和聪明才智的结晶。

阿兹特克人 >

阿兹特克人，又译阿兹台克人或阿兹特卡人，是墨西哥人数最多的一支印第安人。因为其中心在墨西哥的特诺奇，故又称墨西哥人或特诺奇人，主要分布在韦拉克鲁斯、莫雷洛斯、格雷罗等州，属蒙古人种美洲支，使用纳瓦特尔语。

阿兹特克人世世代代在北美洲的南部一带过着游牧的生活。对于他们来说，最重要的两件事莫过于寻找足以喂肥牧群的水草丰美之地和听从神的指引。神灵常常在祭司们的梦中"显灵"，指引他们向着下一个牧场迁移。

12世纪时，阿兹特克人来到了中美洲墨西哥盆地。保护神维洛波切特利出现在了族人的梦中，这次他告诉族人的信息很奇特：如果见到口中衔着一条蛇栖身在一株仙人掌上的鹰，就在鹰所在的地方定居。不久，迁徙中的部民果然在托尔特克人的领地见到了神迹。

100年后，阿兹特克人在特斯科科湖中的一个小岛上建立了自己的独立城邦——特奥蒂瓦坎，并建立了强大的帝国。在帝国建立后的200年间，阿兹特克人将自己的疆域扩大到了整个墨西哥盆地，引起了当地部落人的不满，因此埋下

阿兹特克大地之母科阿特立库，她是太阳神与战神特兹卡特利波卡的母亲

了动乱的种子。

而动乱的外因则来自于渡海而来的西班牙人，阿兹特克人传说中的"神"。阿兹特克人对白人并不陌生，在他们的传说中，主神之一的羽蛇神——昆兹奥考特就是一个留着灰色胡子的白人，羽蛇神从海上来，带领南美的民族创造了文明和繁荣。后来，羽蛇神从东边的海岸离开了美洲，消失在了海平线的彼端，并向人们留下了还会回来的承诺。

而此时西班牙人的到来,让阿兹特克人的国王蒙特祖玛二世欣喜若狂,把他们当成了回归的羽蛇神,受到了盛情的款待。富有的阿兹特克人用黄金将他们的城市装饰得令人目炫神迷。动了贪念的西班牙人于是抓住了蒙特祖玛二世,要求阿兹特克人用大量黄金换回他们国王的自由。阿兹特克人不敢怠慢,他们认为自己的行为触怒了神明。于是西班牙人住的屋子迅速被大量黄金填满。然而这一切并未使"神明""息怒"。西班牙人绞死了蒙特祖玛二世,并对城中居民展开了屠杀。一部分阿兹特克人醒悟了过来:这绝非神明的所为。在西班牙人称为"悲哀之夜"的晚上,特奥蒂瓦坎城内的西班牙人遭到了阿兹特克人猛烈的攻击。西班牙人派出了更多的部队,围困了特奥蒂瓦坎。在战争和欧洲人带来的天花病毒的双重打击下,阿兹特克人口锐减五分之四,最终为西班牙人控制,帝国随之灭亡。

充满传奇色彩的阿兹特克帝国因为"神"而诞生,又因为"神"而归于尘土。但是阿兹特克人的历史并没有结束。他们的血液仍然流淌在墨西哥人的体内;叼着蛇的鹰的形象至今仍然挺立在墨西哥的国旗上,见证着墨西哥新的辉煌。

绿松石面具,可能代表着太阳神——托纳蒂乌

阿兹特克人与巧克力 >

阿兹特克王朝曾经在中美洲盛极一时，这个王朝创立了古代墨西哥谷地最后的印第安文明。到了1400年，该王朝的领土从现在的墨西哥北部地区一直延伸到位于洪都拉斯的玛雅人土地。可可豆是这个强盛的阿兹特克王朝必不可少的一部分。以可可豆为原料制成的巧克力饮料是王公贵族的奢侈享受。可可豆甚至一度成为了流通的货币，也作为献给神明的祭品，还作为税收上交给统治者。

阿兹特克人居住在现在墨西哥中部干燥的高原地区，这样的环境不利于可可树的生长。因此，没办法自己生产可可豆的阿兹特克人，开始和玛雅人以及其他周边的民族做起了贸易，以获得稳定的可可豆供应。阿兹特克的商人们从玛雅人手中换得可可豆，将这些珍贵的货物放入自己的背包中，运送到阿兹特克的首都特奥蒂瓦坎城，位于现今的墨

西哥城。

　　阿兹特克人和玛雅人饮用巧克力的方式差不多。不过，由于阿兹特克不是可可豆的产地，因此这种又苦又辣的巧克力饮料在当时十分珍贵，只有达官贵族才能享用。在崇拜巧克力的社会，阿兹特克王朝最后一任皇帝蒙特祖玛二世，喜欢以辣椒、番椒、香草豆和香料添加在饮料口，打起泡沫，并以黄金杯子每天喝50金杯。这种液体巧克力是属于宫廷成员的饮料，被视为贵重的强心、利尿的药剂，它对胃液中的蛋白质分解酵素具有活化性的作用，可帮助消化。

　　这种用来制作"巧克力特尔"的可可豆在古代的墨西哥是价值不菲的货物，甚至被当作货币来使用。在当时4粒可可

71

就可换一只野兔、100个奴隶和其他一些贵重的东西。就连中间塞满泥土的可可壳都曾广泛用作货币。

阿兹特克王朝还强制性要求他们所统治的部落一律上交可可豆作为税收。和豹皮、珍贵的羽毛、绿宝石等等很多货物一样，可可豆成为了交纳给阿兹特克统治者的贡品。

可可豆以及以此为原料制成的液体巧克力也是祭司们贡献给神明的祭品。可可树的学名是由著名的瑞典植物学家林奈于1775年所定，它的学名翻译过来的意思就是"众神的食物"。

今天，当人们在品尝享用巧克力的时候，很少有人会把这种美味的食品与墨西哥土著阿兹特克人联想到一起，更没有人会想到它是通过屠杀、流血冲突和残忍的殖民开拓进入16世纪的欧洲的。

1519年，以西班牙国王的名义，狂妄的征服者荷南的考特斯带领仅仅几百人、一些马匹和火枪，登上了韦拉克鲁斯海岸线。在到达阿兹特克首都特奥蒂瓦坎后，他们被当地的文明震惊了。尽管这样，仅仅两年以后，凭着西班牙式的冷酷无情、高超的军事技术、一些英雄主义和相当的运气，他们杀害了成批的当地土著居民，掠夺了他们的财富，存在许多世纪的古老王国支离破碎。无论阿兹特克的神话故事是如何预测其最后的灾难，事实上西班牙人已经使阿兹特克的蒙特祖马王朝的血腥统治画上了句号。

经过一番血腥的掠夺以后，考特斯等人彻底毁灭了阿兹特克的古老文明。但他们带着大量的对这种文明的认识，离开了残垣断壁的特奥蒂瓦坎。这其中，尤为吸引他们的是一种被称作"遭克力（xocolatl）"的奇怪饮品。在此之前，哥伦布曾把可可豆及其制作方法介绍给他

73

的庇护人费迪南国王和伊莎贝拉王后，但当时的达官贵人们都不喜欢这种苦涩的、充满泡沫和辛辣味的饮料。但在20年以后，考特斯在这种饮料中加入了一些糖和香草，并在查理五世及其朝臣面前添油加醋地描述了蒙特祖玛人的古老传说——据说他们在喝完这种神圣的饮品后，会把金子制作的酒杯抛入湖中。利用这种方法，他抓住了国王及大臣们的想象力，成功地推荐了这种带有几分融化巧克力特性的饮料，从而在巧克力生产和消费历史上开创了一个新的纪元。

当时被称作"遭克力"的饮品，与如今我们所熟知的巧克力完全不同。照字面上的意思，"遭克力"的英文xocolatl，是指带有苦味的水。如果你有机会品尝到可可豆粒，你就会明白这种称谓是多么地贴切。阿兹特克人把番椒、丁香和桂皮，混入经过干燥、烘烤并且磨过的可可粒中，再加入玉米粉作为基本的乳化成分来吸收其中的可可脂，用这种方法制成了这里所说的"遭克力"。

食物金字塔

食物金字塔（Food Pyramid）是一个人为制造出的像金字塔形状的为应对人生理特征而做成的一个黄金三角。美国农业部（USDA）在 1992 年正式发布《食物金字塔指南》，目的是指导美国公民正确地选择饮食，以保持健康的身体和减少患慢性病的危险。指南中的建议很快家喻户晓——人们应该尽量减少脂肪和油的摄入量；每天应吃 6—11 份含有丰富碳水化合物的食物，如面包、谷类、大米、面食等；饮食金字塔还建议多吃蔬菜（包括土豆，土豆也是一种含有丰富碳水化合物的食物）、水果和乳制品；每天至少吃 2 份肉类和豆类食物，如家禽、鱼类、坚果、豆科植物、鸡蛋与红肉类（牛肉、羊肉、猪肉等）混合做成的食品。

● 西夏王陵

　　一望无垠的孤烟大漠托起一座座高大宏伟的黄土金字塔形建筑，在广袤的西部天空下显得格外雄壮。逝去的岁月，埋藏着帝国多少的恢宏与辛酸；失落的文明，涵盖了党项民族多少的永恒和更变。一股充满着神奇的力量，庇护者这方乐土；神秘的面纱能否被拨开重现人间。屏住呼吸，让时光倒流，带着你的疑惑，和我们一起穿越到西夏王国的时空，去探寻百千年的美好宏愿。

　　在宁夏回族自治区首府银川以西约30千米的贺兰山麓下，西夏王陵九代帝王安息之所款款坐落于此。沉睡900多年，依然巍然挺立。西夏王陵是党项族首领在公元1038年建立起来的封建政权。因

其具有严密的政治制度和比较完善的法律，以及独树一帜的西夏文字，在中国文化渊源史上散发着熠熠夺目的光彩。

　　西夏是11世纪初以党项羌族为主体建立的封建王朝。自1038年李元昊在兴庆府(银川市)称帝建国，于1227年被蒙古所灭，在历史上存在了190年，经历10代皇帝。其疆域"东尽黄河，西界玉门，南接萧关，北控大漠，地方万余里"，最鼎盛时期面积约83万平方千米，包括今宁夏、甘肃大部，内蒙古西部、陕西北部、青海东部、新疆东部及蒙古共和国南部的广大地区。前期与北宋、辽平分秋色，中后期与南宋、金鼎足而立，被人形容是"三分天下居其一，雄据西北两百年"。

金字塔的"味道"

西夏王陵内现存9座帝陵，为裕陵、嘉陵、泰陵、安陵、献陵、显陵、寿陵、庄陵、康陵，坐北面南，按昭穆（古代宗法制度）宗庙次序。左为昭，右为穆；父曰昭，子曰穆葬制排列，形成东西两行。有254座陪葬墓。北端有一处三进院落建筑遗址，为陵邑（或宗庙）。东部边缘有砖瓦窑、石灰窑遗址，为陵区窑坊。

西夏王陵不仅吸收了秦汉以来，特别是唐宋皇陵之所长，同时又受到佛教建筑的影响，使汉族文化、佛教文化与党项民族文化有机地结合在一起，构成了我国陵园建筑中别具一格的形式。西夏陵规模宏伟，布局严整，每座帝陵由阙台、神墙、碑亭、角楼、月城、内城、献殿、灵台等部分组成。

西夏王陵每座帝陵园均是一个完整的建筑群体，占地面积在10万平方米以上，坐北朝南，平地起建。高大的阙台犹如威严的门卫，耸立于陵园最南端。碑亭位于其后，这里曾停放着用西夏文、汉文刻制的歌颂帝王功绩的石碑。碑亭后是月城，南墙居中为门阙，经门阙入月城，这里曾置放有文官、武将的石刻雕像。月

城之北是陵城，陵城南神墙居中有门阙，经门阙入陵城，陵台偏处陵城西北，为塔式建筑，八角形，上下各分为五级、七级、九级不等，外部用砖包砌并附有出檐，为砖木瓦结构。陵台是陵园中的主体建筑。在中国古代传统陵园建筑中陵台一般为土冢，起封土作用，位墓室之上。但西夏陵台建在墓室北10米处，不具封土作用，其形状呈八边七级、五级、九级塔式，底层略高，往上层层收分，是塔式陵台，为夯土实心砖木混合密檐式结构，且偏离中轴线矗立，这在中国建筑史上无前例，

是党项族的创造。塔式陵台前有献殿，用于供奉献物及祭奠。陵台至献殿有一条鱼脊梁封土，封土下为墓道。帝陵墓室在墓道北端，位居陵台南10米处，为三室（主室，左右耳室各一）土洞式结构，墓室四壁立护墙板，墓内有朽宿木，为土葬。陵城神墙四面居中有门阙，神墙四角有角台，表明了陵园的兆域地界。有的帝陵还圈有外城，有封闭式、马蹄形式和附有瓮城的外城。基本格局在仿宋陵的基础上有所创新。

西夏王陵绵延东西4千米，纵横南北

8千米,范围扩及到40万平方千米的园陵内。令人惊诧的是,每座王陵约占10万平方米,竟舍弃贺兰山石头不用,全以夯土筑成。相比之下,古埃及法老金字塔陵墓是用巨大石块修砌而成的方锥形建筑。从质料和构架上来看,两者大相径庭;但从美学角度来讲却有异曲同工之妙。故而西夏王陵又被人们称为"中国金字塔群"。凡是参观过王陵的游客,除了充分领略贺兰山雄浑悲怆的气魄外,多会被西夏王陵的历史沧桑所感染。正如《金字塔铭文》所讲"天空把光芒伸向你,以便你可以去到天上,犹如拉的眼睛"一样,当游人初次踏入这片经历风风雨雨的古老园陵时,总有一股难以说清、难以道明的奥秘在脑海中时时激荡,许久难以平息。

西夏王陵3号陵茔域面积15万平方米,是西夏王陵9座帝王陵园中占地最大的和保护最好的一座,考古专家认定其为西夏开国皇帝李元昊的"泰陵"。为了让海内外人士了解西夏历史,探究西夏文化,在不断加强西夏王陵陵区文物保护工作的同时,着力开发了以3号陵为中心的游览区,相继建设了西夏博物馆、西夏史话艺术馆、西夏碑林等能够展现西夏深厚历史文化的景点。西夏王陵成为人们了解西夏历史、探寻西夏文化的一处重要文物旅游景区。

发现西夏王陵 ❭

西夏王朝灭亡，党项族也从此消失，只有贺兰山下一座座高大的土筑陵台——西夏陵，仍然默默矗立在风雨之中，展示着神秘王朝的昔日辉煌。而这种平静和神秘直到20世纪70年代才被打破。

1972年6月，兰州军区某部正在宁夏贺兰山下修筑一个小型军用飞机场。十几天之后，几个战士在挖掘工程地基的时候，意外地挖出了十几件古老的陶制品。

它们当中有几个破碎的陶罐，还有一些形状较为规则的方砖。方砖的上面竟刻有一行行的方块文字！战士们一个个直发呆，谁也看不懂。部队首长看过后，命令战士们立即停止工程挖掘，同时驱车到达银川市，将这一情况迅速报告给宁夏博物馆。宁夏博物馆的考古人员来到距离银川市40千米的工程现场，对现场的保护做了必要的安排，同时开始进行

JIN ZI TA DE WEI DAO

抢救性挖掘。10天之后，一个古老的墓室终于在这个坑道下重见天日。墓室中发现了一些武士像等巧夺天工的工笔壁画，同时还出土了一些古代精巧的工艺品及方砖等陶制品，方砖之上布满了一个个方块文字及花纹……经过考古人员仔细的研究和测定，认为这是一个古代西夏时期的陵墓。而出土的方块字正是今天被人们看作如天书一般的西夏文！800多年之前，西夏文明突然湮没在茫茫的历史烟尘之中。因而这项规模并不大的挖掘，却可以说是一个重大的发现。考古人员们立即在这片荒漠中跋涉不已，以求新的发现。结果事实到底没有让他们失望——连绵的贺兰山背景中，一片无垠的野性大漠托起一个又一个金字塔形高大的黄土建筑，在广阔的西部天空下显得格外雄伟。每个较大的黄土建筑周围，均环绕着方形的城墙等辅助性建筑，像一座座神秘的城堡。而它们的断壁残垣在风蚀日晒之中，却显示着一种永不屈服时间和沙暴磨砺的顽韧。当时，考古人员在这里共发现有高大墓冢的陵墓15座，并按调查顺序进行了首次编号。不久，他们终于认定这些雄伟的建筑正是西夏皇家

陵墓。人们做梦也不会想到，西夏王陵竟然像一头大漠中的睡狮一样，在这里静卧了近千年之久！

此后几十年间，考古人员对矗立在荒漠中的西夏王陵进行了科学的考察和研究，共清理的1座帝王陵、4座陪葬墓、4个碑亭及1个献殿遗址，从中发现了一些很珍贵的西夏文物。这些文物中有西夏文字，有反映西夏人游牧生活和市井生活的绘画，有各式各样的雕塑作品，有"开元通宝"、"淳化通宝"、"至道通宝"、"天喜通宝"、"大观通宝"等各个时期的流通钱币，有工艺精巧的各类铜器、陶棋子等文物。更让人惊讶的是，这当中出土了大量造型独特的石雕和泥塑。这些文物的发现为研究西夏文明提供了很有价值的实物。

与此同时，考古工作者还对陵区进行了多次全面系统的调查与测绘调查，并不断发现新的大

小不等的陵墓。发现的陵墓由15座增加到70多座，后又增加到近百座、200余座，截至1999年共发现帝陵9座、陪葬墓253座，其规模与河南巩县宋陵、北京明十三陵相当。专家证实，还有一些尚未发现的和由于贺兰山山洪等自然因素而消失的并不在少数，因此其真实数量可见一斑。东西5千米，南北10多千米，总面积50多平方千米，如此之大的皇家陵园在中国实属罕见。没有秦陵的铺张，没有唐陵的华彩，没有明陵的气派，没有宋陵的考究，却更表现出一种磅礴的气势，难怪有关学者感叹，若能恢复西夏王陵本来富丽堂皇的建筑、松柏相映的环境和紫烟氤氲的气氛，宏大壮丽的帝王陵园景象将再现于西北边陲。在精确的坐标图上，人们还惊奇地发现，9座帝王陵组成一个北斗星图案，陪葬墓也都是按星象布局排列。 2000年4月结束的"中

84

国20世纪100项考古大发现"评选活动，西夏王陵的调查与发掘以其具有的重大的科学价值和意义及在中国考古学史上具有重要的地位和作用榜上有名，同北京周口店遗址的发掘、河南安阳殷墟遗址的发现与发掘等100项考古发现获此殊荣。

历经千年沧桑的荒野古冢虽已失却了往日的辉煌，但依然静静地躺在贺兰山下向后人诉说着一代王朝的荣辱兴衰。有首《古冢谣》曰："贺兰山下古冢稠，高低犹如浮水沤。道逢古老向我告，云是昔年王与侯。"这座"中国的金字塔"已为越来越多的专家学者注目，神秘的面纱正在被揭去，我们期待着一睹她的容姿。

陵园中的陪葬墓 >

西夏陵中的陪葬墓是西夏皇亲贵臣的墓葬。墓主人的身份等级不同,建筑规模也不同,规模较大的陪葬墓一般都是由外城、碑亭、月城、墓城、门址、照壁、墓道和墓冢几部分组成。陪葬墓的墓园建筑多已坍塌倾圮,只有一部分大中型陪葬墓的墓冢仍高高耸立。

西夏陵建筑是党项文化与汉族文化相融合的产物,也是西夏社会经济发展的重要标志。早期党项人"织牦尾、羊毛覆屋,岁一易"(《新唐书》卷221),这种便于移动迁徙的住所与其以游牧狩猎为主的原始经济形态相适应。党项人迁居西北地区后,随着农业经济的发展,开始定居生活,建筑业亦因之而兴起,并得以迅速发展。在西北,由党项修筑的州城堡砦遍及各地,州城内不仅有土屋民居,而且有宗庙衙署。据《西夏书事》卷九载:

宋景德四年四月，德明"于绥、夏建馆舍二：日承恩、日迎晖。五百里内道路桥梁、修治整饬。又于鳌子山（今延川县西）大起宫室，绵亘二十余里，颇极壮丽"。这些建筑不仅豪华、美观，且十分坚固，建筑的夯土"其坚可以砺刀斧"（《读史方舆纪要·榆林镇·夏州城》），立国以后，西夏的建筑业更是发展到了一个前所未有的水平，西夏陵的兴建就是西夏建筑业发展的重要标志。

西夏文物 〉

　　西夏陵出土的文物数以千计，内容包括建筑材料、生活用具、随葬品等多种品类，石、陶、瓷、铜、铁、金、骨等多种材质。其中以建筑材料数量最多，而以汉夏文残碑最为珍贵。建筑材料则主要以陶质材料为大宗，琉璃制品占一定比例，瓷质材料次之，石质构件数量较少。随葬品有大型皿器、装饰品、武器及部分瓷片、丝织品残片等。此外墓室内还发现有大量动物骨骼。出土瓷器主要有白、青、绛三种釉色，以白瓷为多，素面为主。器形中碗、盘为大宗。瓶、钵、豆等器数量次之。另外，还有泥塑残块、钱币、铜器、陶棋子等，种类繁多，为后人研究西夏学提供了宝贵的资料。

王陵为什么没有被损坏？ >

　　壮观的9座王陵，在阳光的照耀下，显得金光富丽。这里最早的一座王陵距今有900多年历史，如此漫长的岁月，许多附属建筑如阙门、碑亭、月城、内城、献殿、内外神殿、角楼早已被风雨侵蚀而毁坏坍塌。但为什么以夯土筑成的9座王陵主体依然挺拔独存，这原因究竟何在？一直是考古学家探寻的问题之一。按照中国传统的南北中线为轴，左右对称的排列形式，西夏王陵的平面总体呈纵向长方形布局，主要是夯土实心砖木混合密檐结构，这也显示党项民族在中国建筑史无前例的创造和突破。也正是西夏王陵通过这种夯土方法和砖木混合密檐结构相结合，创造出我国园陵建筑中别具一格的形式，坚固实用这是王陵主体依旧巍然耸立的原因之一。

　　也有人认为，王陵周围原有的附属建筑保护王陵主体，使其免受风雨的侵袭。那为什么"同在屋檐"下附属建筑都已垮塌，唯独王陵主体依旧稳如泰山呢？这种言论不攻自破站不住脚。其实，西夏王陵主在为自己修建陵墓的时候，选贺兰山作为王陵的一道天然屏障。在中国早有三大龙脉之说，夏国主选在贺兰山麓，

肯定寄寓了对西夏王国辉煌的美好宏愿。再有贺兰山可以阻挡部分西北风的侵入，这也正是与汉文化常常讲"天时、地利"的含义如出一辙。可最让人见怪的王陵和附属建筑都在贺兰山的屏障之下，为什么失去附属建筑的依靠配衬，依然默默矗立在风雨之中呢？这神秘的王陵背后又隐含着多少关于西夏王朝的神秘踪迹，西夏王朝的坚守又预示着什么？这些都给后代人留下一个又一个的悬念。

王陵上为什么不长草？ 〉

元代的一个《赵礼让肥》的折子戏里有一句："某今在这宜秋山虎头寨，落草为寇，也是不得已而为之。"所以，"落草为寇"的典故就是这样来的。把贼寇当作草一般比较，说明草籽落地即可生根，不管环境多么贱恶，都能以顽强生命力存活。生活在贺兰山麓的党项民族以原始部落游牧生活方式为主，而且西夏王陵周围也多是牧民放羊牧牛的好地方，可是为什么唯独这王陵寸草不生呢？有人说陵墓是夯土筑成没有草籽驻留生根的缝隙，在其坚硬且光滑的表面，没有草籽生存的条件，可是泥土能比石头坚硬吗？

众所周知，石头稍微有裂缝，落下草籽，便可长出草来。陵墓的夯二也不可能一点缝隙没有。这很显然是一种牵强的说法。也有考古学家提出一种论点，可能当年建筑陵墓时，通过熏蒸泥土除去草籽生长的养分，所以长不出草来也不是没有可能。但又一个令人懊恼的问题油然而生，熏蒸的作用真能持续近千年，即使真是这样，陵墓难免有随风刮来带有草籽的泥土，这些浮土不是经过熏蒸的，草籽难道不能在此生根发芽吗？王陵不长草的疑问始终没有得到完美的解释。

王陵为什么不落鸟？ >

西夏王陵的各个帝陵一般都有封闭式、马蹄式、附属瓮城的外城，墓室一般为三室土洞式结构，墓室四壁有护墙板，墓里有朽棺材。从整个群体来看，阙台犹如帝陵的门卫；往后是碑亭，碑亭是用汉文和西夏文刻制歌颂帝王功绩的石碑以供后世瞻仰，每想起元昊有句"英雄的一生，应该成就霸业"的话语，不禁让人感慨万分；月城是置放文官武将石刻雕像的地方，用黄土垫实作为石基；内城是分层的八角形塔式建筑；在中国古代传统陵园建筑的陵台，通常为土冢，起封土作用，位于墓室下面；顾名思义，献殿是用于供奉献物和祭祀的场所。站在苍凉的贺兰山麓远望西夏王陵的身影，每每想到西夏王陵在此静卧近千年之久，一

种万千变化、世事沉浮的凄楚感便在心中慢慢衍生出来,群群乌鸦和麻雀时不时落在光秃秃的石头和枯树枝上,却从不见有鸟兽在王陵上歇脚,这个疑问让很多人百思不得其解。在人烟稀疏的西北地区,鸟兽在此聚集较多,尤其是鸦雀遍地都是。乌鸦可以肆无忌惮地落在牛羊背上,麻雀更是集群在一棵枯树密密麻麻,可是为什么鸦雀不落在王陵上? 有人说光秃的王陵没有鸦雀可以觅食的草籽,可是光秃秃的石头和虬枝也不见得会有许多食物。那为什么鸦雀总是把石头和树枝作为"集散地",而人不在王陵上造次。莫非鸦雀也知道封聿帝王的权威不容冒犯? 这真让人感到匪夷所思。

王陵为什么是八卦北斗布局？ ＞

西夏王陵的布局有些令人费解。西夏王陵不仅吸收秦汉唐宋皇陵之所长，还把佛教建筑元素纳入其中。把汉文化、佛文化和党项族文化融合起来，形成独具魅力又有突破的建筑风格。在中国陵墓文化中，一般王陵都是按照时间的顺序或者帝王辈分由南向北排列，西夏王陵也不例外。但是西夏王陵的布局特别怪异，每座王陵的具体位置的安排似乎体现着一种事先设计好的规划。从高空俯视9座王陵的分布，好像与北斗七星图相似。但是单独看9座王陵的分布，又与八卦图形相近似。有学者猜测，可能是根据风水文化来定位安排的，于是疑问由此而发，西夏王国最早到最晚共经历9代，时间相差近200年，事先谁又能预测到西夏王国会传9代王位？再说党项族是古羌族的一个分支，在其文化渊源里，并没有一些明显的实际例子证明，西夏王国有崇拜八卦和相信风水的特征。不管是考古专家还是历史学者，都难以解释王陵的格局呈八卦图形的缘由，这其中蕴含哪些秘密，一直都是难以被今人识破的。

王陵人像石座之谜 ❯

西夏这个神秘的王国和它的子民党项人从历史的烟云中消失将近千年了，但它也留下了许多未解之谜。在众多的西夏之谜中，尤为突出的是神奇的石雕人像碑础座。这些石雕人像有着神秘、夸张和独特的风格。细观之，人面额部以下近方圆，双眉如角，双目似铃，鼻梁粗短，颧骨突起，獠牙外露，面相狰狞。胸部双乳肥大下垂，粗壮双手抚膝，手足腕胫部有一对圆环，几近全裸，似跪伏之状，如相扑师。

这些石雕人像怎么理解呢？有人说可能是西夏传说中的奴隶士。而跪伏姿态和装饰又和当时社会习俗有关；有人依据人像石座双乳下垂，以示其为女性，从此开创了西夏陵人像石雕为女性的提法。到了现在，人们又把人像石雕引申为"这是东方的维纳斯"；还有研究者认为西夏陵人像碑座造型是纪念祖宗伏羲、女娲的。近来研究认为，这些人像应是力大无比的角力士即相扑师。

史载，我国古代有角抵游戏，即古

代体育活动或娱乐活动。大约与今天的"摔跤"相似。宋代称"相扑"或"争交"。宋代的角抵绝不是随意的比赛，而是经过严格的训练，有一套规程。在皇家教坊中"用乐人三百人，百戏军百人，百禽鸣二人……旗鼓四十八人，相扑等子二十一人"。可知相扑很流行也很吃得开，似21人分为两队，有一领队指挥和操练。可以说在宋代皇宫的教坊中就培养着一群身强体壮身手不凡的角抵手。他们是力的较量，是美的象征，是英雄汉。他们推、撞、按、拉、挤、搬、闪，招招有讲究，般般有套路，练就一身好功夫。不难

想象，他们挺胸叠肚，双乳下垂，肉滚滚地在跳腾角逐。这种角抵的魅力就在于力的抗衡、骨肉的拼撞和人体美的显现。这是一种原始粗犷的张扬，是理想和豪放的扩张。这种角抵的场面绝对令人心摇神动精神百倍。角力士在辽国同样是受到尊崇的人物。如《辽史》五四记载：每年"正月朔日朝贺用宫悬雅乐，元会用大乐，曲破后用散乐，角抵终之"。由此可知，辽国的一年之始朝贺之后角抵仍是压轴戏，角力士的表演也同样是激动人心的精彩节目。此外，在辽国册封皇后的仪式上"呈百戏、角抵、戏马以为乐"；

在皇帝的生辰贺宴中"酒七行，歌曲破角抵"、"酒九行，歌角抵"。都说明角力士的表演和演唱都是必不可少的节目。

因西夏缺史，我们无法知道有无角抵力士的表演与演唱。但从西夏始皇帝李元昊倡导的"忠实为先，战斗为务"的治国方针，不难看出他崇尚武力和崇敬力大无比的角力士。同时他又发布秃发令，实行"剃发、穿耳、戴环"，与出土的石座人像剃发之像，又有着异曲同工之妙，从一个侧面反映了西夏角力士的形象。

1998年8月至10月，在西夏3号陵西碑亭遗址出土的4座人像均为头顶两侧似长顶角。此为何意？其实这种额角尖突古人称为角犀。角犀，额角入发处隆起，有如伏犀，古人相信相术，以为是贤明之相。西夏秃发，角力士也不例外，要突出角犀或额骨，只能上扬浓眉以显角犀。这种角犀之状，更加突出了角力士的勇猛、坚强、力大无比、志不可摧。也许这正是西夏角力士独有的装饰吧！角力士即相扑师，如今只有日本保留了，而他的祖先却在西夏陵，这真是一件颇有意味的事。

陵区概况 >

☒ 裕陵

　　裕陵，考古调查称 1 号陵。位于西夏陵区最南端，俗称"双陵"之东侧。陵主李继迁，庙号太祖，墓号裕陵，系西夏开国皇帝李元昊的祖父。生于宋乾德元年（963 年），卒于宋景德元年（1004 年）。党项族平夏部落首领，西夏王朝奠基者。自宋太平兴国七年（982 年）起，抗宋自立，逐渐强大。宋雍熙二年（985 年），诱杀宋将曹光实，袭据银州（今陕西榆林南），自称定难军留后。宋至道二年（996 年），邀击宋军于浦洛河，进围灵州（今宁夏灵武市西南）。宋师以五路出击，无功而返。次年，遣使求和，授定难军节度夏州、银州、绥州、

李继迁画像

宥州、静州等州观察处置押蕃落使。宋咸平五年（1002 年），攻陷灵州，改称西平府，定为都。次年，攻西凉府（今甘肃武威），早吐蕃大首领潘罗支袭击，中流矢，次年死。子德明继位，尊为光孝皇帝。李元昊建国后追谥神威，庙号太祖，墓号裕陵。

⊠ 嘉陵

　　嘉陵，考古调查称 2 号陵。位于裕陵之西北部约 30
米处。陵主李德明，李继迁之长子，系西夏皇帝李元昊之
父。宋景德元年（1004 年）嗣位。宋大中祥符三年（1010
年），辽封为夏国王，遂建宫阙于鳌子山（今陕西省延川
县西）。宋天禧四年（1020 年），迁都怀远镇（今宁
夏银川），改称兴州。次年，辽封为大夏国王。
宋明道元年（1032 年）宋封为夏王，同年
卒。李德明与宋、辽和好，集中力量开
拓河西，战胜回鹘，取得甘州、瓜州、
凉州，奠定了西夏版图。子元昊追谥
光圣皇帝，庙号太宗，墓号嘉陵。

李德明画像

⊠ 泰陵

泰陵，考古调查称3号陵。位于西夏博物馆西南，俗称"昊王坟"，是旅游者经常参观的一座王陵。茔域面积约15万平方米，虽遭破坏，但仍是整个陵区中规模最大的西夏帝王陵墓。陵主李元昊，小字嵬理，后改姓嵬名氏，更名曩霄，自称"兀卒"（意为天子）。性雄毅，多大略，晓"浮图佛学，通蕃汉文"。宋天圣六年（1028年），率兵袭破回鹘夜洛隔可汗，夺取甘州（今甘肃张掖）。24岁被立为太子。宋明道元年（1032年），父死袭位，去唐、宋朝廷所赐"李"、"赵"姓，号"嵬名氏"。称帝，立年号，更衣冠，立官制，制礼仪，建蕃学，置十二监军司，又命大臣野利任荣创制文字（西夏文）。宋宝元元年（1038年），筑坛受册，即皇帝位，国号大夏，都兴庆府（今银川市），年号天授礼法延祚。宋康定元年（1040年）、宋庆利元年（1041年）及二年（1042年），大举攻宋，与宋军分别战于三川口（今陕西延安西）、好水川（今宁夏隆德县西）和定川寨（今宁夏固原中和乡），皆获胜。夏天授礼法延祚七年（1044年），与宋议和，并称臣于宋。宋册封其为夏国王。夏天授礼法延祚十一年（1048年），因夺子宁令哥妻，在没藏讹庞唆使下，被宁令哥刺死。在位17年。谥武烈皇帝，庙号景宗，墓号泰陵。

泰陵是整个陵区中规模最大的一座，历经千年，地面建筑虽遭严重破坏，但陵园的阙台、陵台基本完好，陵城神墙、门阙、角台大部尚好，布局清晰可辨。整座陵园从南到北的遗存有：

阙台：位于陵园南端，于中轴线两侧对称排列，东西相距离 20 米，由黄土筑成。阙台正方形，边长 8 米，高 7 米，上部内收，顶部有一小台基，其上散有残砖瓦，推测为原有建筑。阙台是低龄区别于陪葬墓的特征之一。

碑亭：位于中轴线两侧，东西对称，阙台北 34 米，东西两碑亭相距 80 米。1987 年考古工作者正是发掘东碑亭，台基呈圆角方形，四壁呈三级台阶式。台基地边长 21.5 米，顶边长 15.5 米，高 2.35 米。四壁台阶以绳纹砖包砌，石灰勾缝，局部砖尚存。有 3 个人像碑座出土（应为 4 座，存 3 毁 1）；还出土有西夏文残碑 360 块，残片文字最多的仅 5 字；还有瓷、铜、铁碎片及泥塑残块等。

月城：位于碑亭北，呈东西长方形，东西距 120 米，南北距 52 米，墙基宽约 2 米，高 0.7 米，占地约 10 亩，北与陵城南墙相贴。城如月牙露出，故名月城。月城南墙正中有门，石道两侧有石像生基址。

陵城：四面城墙（俗称神墙）环绕，呈南北长方形，南北相距 180 米，东西相距 160 米。城墙墙基宽 3 米，用黄土分段夯筑，各段基如须弥座状，故又称须弥座式神墙。陵城四周城墙正中辟门为门阙，门址宽约 12 米，每个门阙由三个圆锥形夯土基座组成，从地面散布的瓦片、脊饰残件推测，曾建有门楼。城墙四角各有角台，角台有砖瓦残存。

在南神门内约 25 米偏西处，有一用黄土垫实的台基，直径 20 米，高 0.7 米，其上建筑无存，周围地面残存大量青砖灰瓦及琉璃构件，此为献殿。

陵台：陵园北高矗立约 20 米的一个塔状凌锥形夯土台，用黄土密实夯筑而成，八面七级，夯土台有椽洞。陵台周围地面散有大量瓦片、瓦当、滴水等建筑物残块。献殿与陵台之间有一条南北走向形似鱼脊的用沙石填成的墓道封土。墓道长 50 米，北端为一盗坑，直径 20 米，深约 5 米。

李元昊

99

金字塔的"味道"

⊠ 安陵

安陵，考古调查称4号陵。位于泰陵西约2千米的贺兰山山脚下，陵园东、西、北三面环山，面积约10万平方米，坐北朝南。陵台八面五级，高15米。陵园布局与泰陵相同，由阙台、碑亭、月城、献殿、陵台、墓道等部分组成。嫌遗存碑亭一座。安陵墓主凉祚(1047年-1068年)，元昊妃没藏氏之子。1048年国相没藏式兄没藏讹庞唆使元昊长子、皇太子宁令哥杀死其父，复诛宁令哥，立凉祚为帝。周岁即帝位，改元延嗣宁国。没藏氏立为太后，因帝年幼，母与舅没藏讹庞执政6年。其间与北宋、契丹时战时和。性好佛，西夏天祐垂圣元年(1050年)役使兵民数万建承天寺。实行亲宋政策，仿宋朝官制，增设职官，起用汉人，调整州军，与宋互市。1068年12月病卒，在位20年。谥昭英皇帝，庙号毅宗，墓号安陵。

⊠ 献陵

献陵，考古调查称5号陵。位于泰陵（3号陵）北2.3千米，面积10万平方米，破坏严重。陵城方形，边长183米，陵台夯土已被后人取做他用。该陵有碑亭3座，西边1座，东边南北2座，南小北大。西碑亭出土西夏文残碑63块，东碑亭出土汉文残碑26块。陵园主李秉常（1061年–1086年），为毅宗凉祚之长子。1068年宋册封为夏国主。

西夏大安二年（1075年）15岁时，始亲国政，实行联辽政策。西夏天安礼定元年（1086年）七月，李秉常忧愤而卒，年26岁，在位20年。谥康靖皇帝，庙号墓宗，墓号献陵。

李秉常

101

⊠ 显陵

显陵，考古调查称 6 号陵。位于献陵西 650 米处，陵园紧依贺兰山脚，西北两面环山。独特之处有马蹄形外城，南面开口，东西墙前端至月城终止，陵园的阙台、碑亭、月城、献殿、陵台、墓道等布局与其他黄帝陵园相同。陵园主李乾顺（1083年—1139年）为惠宗李秉常之长子。西夏天安礼定元年（1086 年）即位，年仅 3 岁。国政由其母梁太后和其舅梁乙浦操纵。1087 年被宋朝册封为夏国主，1088 年被辽册封为夏国王。西夏永安二年（1099年）亲理国政，实行结辽抗宋抗金。后来金以土地相诱又背辽附金。推行"尚文重法"的治国方针，贞观年间刻印的《贞观玉镜桶》是一部依法治军的军事法典。加强了军事力量，扩展了领土。西夏大德五年（1139 年）卒，年 57 岁。在位 54 年。谥圣文皇帝，庙号崇宗，墓号显陵。

1972 年–1975 年，宁夏文物工作者正式发掘显陵，墓室为多室土洞式，由墓道、甬道、中室、东侧室、西侧室组成。墓道全长 49 米，墓道甬道两壁有武士像壁画。墓室内出土有甲片、铜泡饰、铜铃、瓷片、铁钉、珍珠。发掘前此墓多次被盗，出土遗物不多。

⊠ 寿陵

寿陵，考古调查称 7 号陵。位于献陵北 3 千米。陵园面积 8 万平方米。陵园已被现代建筑破坏，仅剩阙台、碑亭、月城、陵城部分神墙、陵台。寿陵墓主李仁孝（1124 年 –1193 年），为崇宗乾顺长子，16 岁即帝位，改元大庆。李仁孝统治时期，放粮赈饥，减免阻水，同时大力发展教育事业。西夏人庆元年（1144 年），令州县各立学校，并立大汉太学，亲释典。人庆三年（1146 年）尊孔子为文宣帝，令州郡悉立庙祀。发展科举制度，购买儒家典籍，组织人力翻译出版西夏文儒家经典著作，于翰林学士院内设有翰林学士、翰林待制和翰林直学士。封西夏文字创制者野利任荣为广惠王。天盛年间，修成法律《天盛改旧新定律令》，这是我国第一部以少数民族文字制定、颁布的法律。大兴文治，整饬吏治，进一步完善了中央和地方的统治机构，加强了封建统治，使夏国"典章文物，灿然成一代宏规"。西夏乾祐十四年（1193 年）仁孝卒，年 70 岁。谥圣祖皇帝，庙号仁宗，墓号寿陵。

⊠ 庄陵

　　庄陵，考古调查称 8 号陵。位于 7 号陵西北，相距 500 米，紧靠山脚。庄陵墓主李纯祐（1177年–1206年）为仁宗仁孝张子。西夏乾祐二十四年（1193 年）即位，时年 17 岁。西夏天庆元年（1194年）初金册封为夏国王。李纯祐是西夏历史上"能循旧章"的"善守"之君，竭力奉行对内安国养民，对外附金和宋的方针。但此时蒙古突起于漠北，严重威胁西夏国的安全。西夏国内上层统治矛盾重重，1206 年，其侄李安全在纯祐母罗太后的支持下，自立为帝，纯祐"死于废所"，年 30 岁，在位 14 年。谥昭简皇帝，庙号桓宗，墓号庄陵。

⊠ 康陵

康陵,考古调查称9号陵。位于7号陵东北。地上建筑除陵台外其余建筑无存,陵台已坍塌过半。康陵墓主李安全,为仁宗仁孝弟越王仁友之子,崇宗乾顺之孙。西夏桓宗天庆十二年(1205年),与桓宗母罗氏合谋废桓宗自立,改元应天。六月,罗氏为其请封册于金,金册封为夏国王。蒙古多次用兵西夏,并破克夷门,进围中兴府。李安全亲自登城激励将士守御。蒙古兵引黄河水灌城,城中居民淹死极多。李安全遣使乞援于金,金拒绝出兵。李安全只得向蒙古纳女请和,夏金关系趋于破裂。西夏光定元年(1211年)夏齐王遵环废安全自立。同年8月安全死,年42岁,谥静穆皇帝,庙号襄宗,墓号康陵。

西夏文字 ❯

大庆元年（1036年），西夏王朝开国皇帝李元昊为增强民族意识，命令大臣野利仁荣效仿汉文，主持创制并推广使用西夏文字。总共创制6000余字，编纂成书，分12卷，称作"国书"。上至佛经诏令，下到民间书信，都用西夏文书写。为了方便人们学习西夏文，元昊还下令印了字典。"西夏文字"究竟什么样？它是怎么创造出来的？和汉字又有什么关系？带着这些疑问让我们一起来揭开它神秘的面纱。

西夏文字的创制借鉴了汉字的形制，在构成上可分为单纯字和合体字两大类。其笔画多在十画左右，撇、捺等斜

笔较多，结构均匀，格局周正，有比较完整的构成体系和规律，具有鲜明的个性特点。

西夏文字创制后被作为"国字"推行，因此在西夏国的应用范围十分广泛，如官署文书、法律条令、审案记录、买卖文契、文学著作、历史书籍、字典辞书、碑刻、印章、符牌、钱币以及译自汉、藏文的佛经等。西夏文字是西夏文化的精华所在，它的使用在整个西夏时期从未间断过。西夏灭亡后，仍由其后人在一定范围内延续使用至明朝中期，成为我们探寻西夏后裔踪迹的有力佐证。

☒ 西夏文字的起源

党项在内徙以前仍处在原始游牧部落时期,过着"不知稼穑,土无五谷"、"畜牦牛、马、驴、羊以食"的游牧生活,他们"逐水草而居,但候草木以计时岁"。社会形态尚处于原始社会父系氏族公社末期,生产力水平低下,无法令赋税,也没有文字。内徙后,由于长期受到各民族特别是汉族文明的影响,社会经济与文化都有了长足的发展。西夏社会形态的变更与生产力水平的提高,是文化发展的先驱。党项族历经数百年的辗转迁徙,不断吸取融入了其他民族的生产力技术与先进文化,从而加速本民族的封建化进程。特别是西夏建国前夕,由于政治与经济上需要有一个独立的局面,文化也相应地需要从汉族文明的母体脱离出来。在生产发展以及与其他民族文化的撞击中党项文化有了新的质变,而文字的创制则是这种质变的显著表现。在西夏建国前夕,元昊为了进一步突出民族文化的特质,于是创制了记录党项语言的文字——西夏文。

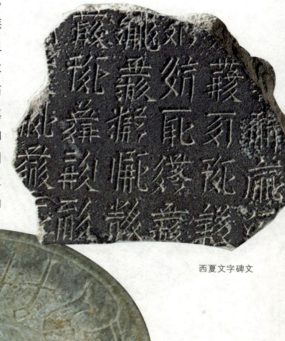

西夏文字碑文

带西夏文字的玉镜

⊠ 西夏文字的创造

西夏文字创制于元昊建国前的公元 1036 年左右，由大臣野利仁荣演绎而成。文字的创制是民族文化发展到成熟阶段的重要标志，它给本民族的人民在思想交流和文化传承上带来莫大的便利，也使后人研究这种文化与党项民族语言成为可能。西夏文的创制参照了汉字创制的"六书"理论，采用合成法进行造字，即先创造了一些文字元素，即我们常说的字根或母字，然后再用合成法繁衍出更多的西夏字。

在西夏文中，除有很少的一部分是直接采用文字元素创字外，绝大部分是合成造字。包括会意、音意、对称、互换、反切、长音等六种合成法。

西夏文字创制后，元昊即下令推行国中，诏令国民悉用蕃书。以法令的形式确立了西夏文的地位，并于建国初期设立"蕃字院"，选拔西夏贵族子弟加以教之，以期传播。因此西夏文字很快就在西夏国中通行。西夏灭亡后，西夏文字一直到明代中期尚有少数党项后裔还在使用。此后便被历史所淹没，变成了一种死亡的文字。清嘉庆九年（1804 年），《重修凉州护国寺感通塔碑》被发现后，学者根据该碑上的汉字与西夏文对照及记年，才重新确认了这种文字即是衰亡已久的西夏文。

西夏文字就目前发现的文献资料证实，有 6000 多个。内蒙古额济纳旗黑水

城出土的西夏辞书《文海》与《音同》收字最全。这两部辞书是由西夏时期的党项族人编著的，为进一步研究西夏语言、文字提供了丰富的实物资料，同时出土的还有一部由党项族人骨勒茂才编著的辞书《蕃汉合时掌中珠》，它是用汉文与西夏文对音、对意的方式编成的，并收录了许多党项语词汇，因而成为后人解开西夏语言、文字的钥匙。

现代金字塔建筑

闪烁着微光的玻璃覆面,长达数英里的钢梁,巨大的水泥板……所有一切都指向天空。这样的形状,将观者的目光一路引至顶点。如今,在世界各处,越来越多的现代金字塔拔地而起,将科技、美学、稳固性和效率融为一体。当然,它们和几千年前的金字塔相似。那些饱经岁月侵蚀的远古文明遗迹,大多是用于宗教目的的牢固建筑,而现代金字塔拥有巨大的内部空间,为多种经济用途服务。

罗浮宫玻璃金字塔 >

罗浮宫,是世界上最古老、最大、最著名的博物馆之一。位于法国巴黎市中心的塞纳河北岸(右岸),始建于1204年,历经800多年扩建、重修达到今天的规模。罗浮宫占地面积(含草坪)约为45公顷,建筑物占地面积为4.8公顷。全长680米。它的整体建筑呈"U"形,分为新、老两部分,老的建于路易十四时期,新的建于拿破仑时代。罗浮宫也是法国历史上最悠久的王宫。

20世纪80年代初,法国总统密特朗决定改建和扩建世界著名艺术宝库罗浮宫。为此,法国政府广泛征求设计方案,参与应征者都是世界各地著名建筑师。最后由密特朗总统出面,邀请世界上15个声誉卓著的博物馆馆长对应征的设计方案遴选抉择。结果,有13位馆长选择了贝聿铭的设计方案。他设计用现代建筑材料在罗浮宫的拿破仑庭院内建造一座玻璃金字塔。不料此事一经公布,在法国引起了轩然大波。人们认为这样会破坏这座具有800年历史的古建筑风格,"既毁了罗浮宫又毁了金字塔"。但是密特朗总统力排众议,还是采用了贝聿铭的设计方案。

人们一直小心翼翼地避免把古迹变成艺术大市场，而贝聿铭却希望"让人类最杰出的作品给最多的人来欣赏"。他反对一切将玻璃金字塔与石头金字塔的类比，因为后者为死人而建，前者则为活人而造。同时他相信一座透明金字塔可以通过反映周围那座建筑物褐色的石头而对旧皇宫沉重的存在表示足够的敬意。自认因罗浮宫而读懂了法国历史观的贝聿铭并不难从埃菲尔铁塔中读出建筑的命运：建筑完成后要人接受不难，难就难在把它建造起来。因此他不惜在罗浮宫前建造了一个足尺模型，邀请6万巴黎人前往参观投票表示意见。结果，奇迹发生了，大部分人转变了原先的文化习惯，同意了这个"为活人建造"的玻璃金字塔设计。

贝聿铭设计建造的玻璃金字塔，高21米，底宽30米，耸立在庭院中央。它的四个侧面由673块菱形玻璃拼组而成。总平面面积约有2000平方米。塔身总重量为200吨，其中玻璃净重105吨，金属支架仅有95吨。换言之，支架的负荷超过了它自身的重量。因此行家们认为，这座玻

璃金字塔不仅是体现现代艺术风格的佳作，也是运用现代科学技术的独特尝试。在这座大型玻璃金字塔的南北东三面还有3座5米高的小玻璃金字塔作点缀，与7个三角形喷水池汇成平面与立体几何图形的奇特美景。人们不但不再指责他，而且称"罗浮宫院内飞来了一颗巨大的宝石"。

罗浮宫的这项方案并不只是一个简单的玻璃金字塔入口，它实际是对罗浮宫群体建筑的一种具有整体性的更新和扩大工程。有了这座"金字塔"，观众的参观线路显得更为合理。观众在这里可以直接去自己喜欢的展厅，而不必像过去那样去一个展厅而要穿过其他几个展厅，有时甚至要绕行七八百米。玻璃金字塔是建在罗浮宫广场中心，在该金字塔周围还有4个小玻璃倒金字塔，这样一来，基本解决了罗浮宫地下几层的采光问题。由

于对地下的开发，大大增加了罗浮宫的可利用面积，地下最底层是停车场，二层是步行商业街和饮食街，再上来一层是接待大厅。为了充分利用罗浮宫现有空间，规划师们还把原有的几个大型共有空间建筑了玻璃顶棚，使其与玻璃金字塔相呼应，而且又增加了展览面积。一个现代的博物馆，后勤服务设施一般占总面积的一半。过去罗浮宫博物馆只有20%的面积用于后勤。有了这座"金字塔"，博物馆便有了足够的服务空间，包括接待大厅、办公室、贮藏室以及售票处、邮局、超市、更衣室、休息室等，罗浮宫博物馆的服务功能因此而更加齐全。巴黎罗浮宫玻璃金字塔是法国密特朗时代最辉煌的建筑，整个建筑只有塔尖露出地面，别具匠心的设计被公认为当代建筑艺术最伟大的奇迹。位列"当代建筑的十大奇迹"之首的作品，同样更是设计师贝聿铭的得意之作。

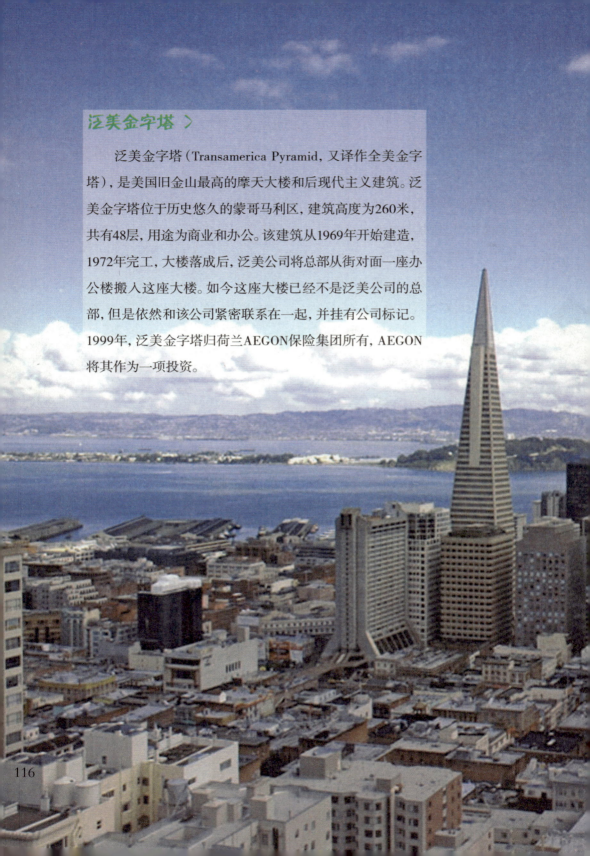

泛美金字塔 ＞

　　泛美金字塔（Transamerica Pyramid，又译作全美金字塔），是美国旧金山最高的摩天大楼和后现代主义建筑。泛美金字塔位于历史悠久的蒙哥马利区，建筑高度为260米，共有48层，用途为商业和办公。该建筑从1969年开始建造，1972年完工，大楼落成后，泛美公司将总部从街对面一座办公楼搬入这座大楼。如今这座大楼已经不是泛美公司的总部，但是依然和该公司紧密联系在一起，并挂有公司标记。1999年，泛美金字塔归荷兰AEGON保险集团所有，AEGON将其作为一项投资。

大楼金字塔造型是一个创新的设计方案，成为旧金山天际线最重要的组成元素之一。大楼为四面金字塔造型。大楼的东面是电梯井，西面是楼梯井。大楼最高处的64.6米为尖顶。尖顶的顶端是一个虚拟观景平台，四个方位安装了摄像机，休息室里有4个监视器，游客可以控制方向和距离。位于27层的观景平台在9·11袭击事件后关闭，取而代之为虚拟观景台。大楼顶部覆盖以铝板，在休假季节、感恩节和独立日，楼顶会亮起一束白光。

与罗浮宫　　金字塔一样，最

初，各界对旧金山泛美金字塔的设计也争论不休。1970年，随着越战风暴扩大，反战人士呼声渐高，许多美国人开始怀念过去相对传统、舒适而安稳的生活。

将一座高843英尺、具有超现代设计风格的金字塔式建筑置于旧金山的金融区，似乎有悖常理。《新闻周刊》甚至断言："这座建筑与任何城市都格格不入，在氛围儒雅而易受破坏的旧金山显得尤为碍眼。"

然而，工程竣工两年后，许多原先持怀疑态度的人，开始感受到金字塔造型的优势。塔身的斜面与尖顶设计，让下方的街道获得更充裕的阳光。而更重要的是，在地震频发的加利福尼亚，这座现代金字塔与其周围的矩形高楼相比，具有结构优势。地震对高层建筑物的破坏在于，如果楼层过高，地震发生时，地基所要承受的作用力就非常非常大，而泛美金字塔的核心设计理念就是要将这一破坏力减到最小。如今，48层高的泛美金字塔不再受到非议。它的美感和稳固性，使其在旧金山的心脏地带争得一席之位，从鳞次栉比的高楼大厦中脱颖而出，并成为全美最知名的建筑之一。

金字塔大饭店 >

在现代巨型建筑中，最新、最大的一座当属矗立于拉斯维加斯的金字塔大饭店。设计者很清楚，他们此举是在遍地浮华的拉斯维加斯赌场地带，树起一座傲视群雄的建筑。但是即便如此，在这座摩天大楼林立的城市，关于建造全球最大钢筋混凝土金字塔的最初决定，仍然是一场豪赌。

金字塔大饭店于1991年破土动工。虽然它的外形独树一帜，地下结构却十分简单。金字塔大饭店仿照埃及吉萨大金字塔而建造，游客通过巨大的狮身人面像模型进入一个奇幻天堂。虽然，这座现代金字塔比起"前辈"来小了30%，狮身人面像却是比原型大了一半。毫无疑问，当初在拉斯维加斯修建世上最大现代金字塔的一场豪赌，而今已带来丰厚回报。它被视为一件成功之作，以其丰富的古埃及文明主题和高科技魅力震撼了无数游客。

这并不是真正意义上的、传统的古埃及式金字塔，只是一个和金字塔形状相似的建筑框架，外部是玻璃板覆面，而它并不具备与之相关的结构上的功用。此外，饭店内亮度高达400亿烛光单位的灯塔当属世界一流。如此强烈的照明，即使在10英里外看报纸也足够清楚了。

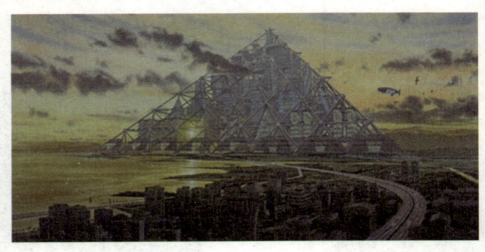

日本欲建"超级金字塔" ⟩

日本东京是地球上人口密度最大的城市之一，为了解决未来人口居住问题，美国斯坦福大学的意大利建筑师丹特·比尼打算在日本东京海湾建一座史无前例的"超级金字塔"——它将有2004米高，总占地面积约8平方千米，将是埃及的吉萨金字塔的12倍！

这座史无前例的"超级金字塔"正式名称叫作"清水TRY2004大都市金字塔"，是由美国斯坦福大学的意大利建筑师丹特·比尼设计的，它将建造在东京海湾，其外观呈金字塔形状，但高度却达到惊人的2004米，总占地面积约8平方千米，基底周长为2800米。据悉，落成后，东京"超级金字塔"将是埃及吉萨金字塔的12倍大。从设计图看，这座"超级金字塔"矗立在东京海湾上，完全不占用宝贵的土地资源。

按照规划，"超级金字塔"总共为8层，1至4层商住两用，5至8层设有娱乐和公共设施，每层高度为250.5米，合计正好2004米。而在金字塔中总建筑面积达到50平方千米，将建造24万套公寓、商业中心、广场、学校和医院，堪称一座名副其实的"金字塔城"。

建造"超级金字塔"的工程总计分为三步。第一步是打地基，把36根巨型柱墩沉入东京湾，由机器人牢牢地插入海底中。这36个柱墩是由特殊混凝土制造而成的，深深插入东京湾中，牢牢地支撑着整个"金字塔城"屹立于东京城的上空。

接下来第二步，就是一层一层地搭建"金字塔城"的外部骨架。据悉，整个"金字塔城"是由大大小小55个相对独立的"小金字塔"由下至上"堆积"而成的。首先在地基上搭起25个"小金字塔"，成为金字塔的第一层；然后如法炮制，一层一层地搭建"金字塔城"的外部骨架，形成一个巨大的金字塔形结构。

最后第三步，是在"金字塔城"中每一个"小金字塔"的外部骨架中，打造一座大楼。据悉，只有在整个"金字塔城"的外部骨架结构全部建设完毕之后，才开始动工建造供人居住的摩天大楼。每座

"小金字塔"内的摩天大楼有30层高，它的顶端和底部都有"钢筋水泥"的支撑，并与"金字塔城"外部相通。从远处看去，这些摩天楼就像是一棵大树上结出的一枚大果实。人们住在里面，与住在地面上的公寓毫无区别。

同时，整个"金字塔城"内的建筑由数以万条或水平或倾斜的雪道互相联系在一起。当2004米的"金字塔城"最后完工时，连接整个城市的所有管道连起来大约有138千米长。

由于"金字塔城"内将住有多达75万人，解决那么多人的出行问题是项巨大挑战。不过，便捷的交通运输系统以及快速移动人行道和电梯网通过55个交通枢

纽连接整个城市保证了人们出行。据悉，在"金字塔城"中，每根管道的交接处就是一个"节点"，这数以千计的节点不仅成了城市交通网络的中转站，而且还为整个城市建筑的平衡提供结构上的有效支持。

据悉，连接"金字塔城"的管道全部是中空的，因此这些管道就担当了街道、高速公路的角色。人们上班上学、购物休闲就全部在这些"地道"里面进行。城市居民的交通主要依靠高速地铁，这种新型的交通工具全无污染，且为全电脑控制驾驶，每天24小时穿梭于城市的骨架之间。

令人目瞪口呆的是，这座"超级金字塔"可同时居住75万居民，占了东京巨大总人口数的十六分之一！据悉，"金字塔城"将是一座可以自给自足的人工智能型生态城。"金字塔城"内的每一座建筑都有自己的能量来源（太阳能或者风能），

在巨塔的外部表面涂上一层光电感应薄膜，就可以充分吸收太阳能发电，环保标准绝对一流。

据悉，东京"超级金字塔"目前仍处于构想阶段。最棘手的是，由于"超级金字塔"是如此之大，如果用现有的普通建筑材料来建造"超级金字塔"，它的自身重量将超乎想象，很可能尚未建成就已经坍塌。

按照构想，"超级金字塔"的所有结构和内部管道都将由碳纳米材料造成，比一般的建筑材料要轻便许多，而沉入湾底的36个巨型地基也分担了"金字塔城"的主要重量，从而让搭建"金字塔城"的工程成为可能。比尼还预计让机器人来完成和实现这个"伟大工程"。机器人犹如蜘蛛侠般沿着管道上上下下攀行于"金字塔"之间，它们将负责"打桩"、"搭城"这些主要和危险的任务，而几乎不需要人类操心。

日本东京夜景

125

筹划中的倒金字塔大楼 >

据英国"每日邮报"网站2011年的报道，墨西哥一家建筑公司日前设计了一座深入地下300米的倒金字塔式"摩地大楼"，并有意将其打造成墨西哥首都墨西哥城的"新地标"。

这座"摩地大楼"将建在墨西哥城中心主广场，其中住宅、商场以及博物馆各占10层，另外35层用作办公楼。为了让这个巨大的地下建筑获得自然光照射，建筑师们在广场中心设计了一个240平方米的"玻璃地板"，使得阳光能够通过这个透明地板以及中间的倒三角形天井照射到每一个楼层。同时，地板上面还会竖立起一面巨大的墨西哥国旗，而在建筑里面还会有一个文化中心。

该建筑公司的工程师埃斯特班·苏亚雷斯介绍说："墨西哥城需要新的基础设施、办公楼、商店以及住宅楼，但是地面上已经没有可用的空间。联邦政府和地方法规又禁止破坏、拆毁历史建筑，并限制新建筑的高度在8层以内。主广场迫切需要改造，我们没有办法只能转而向地下发展。设计中的'摩地大楼'既保存了主广场附近的现有建筑，又不影响在主广场每年举办音乐会、展览、阅兵等活动，同时倒金字塔式的建筑风格也帮助揭示了墨西哥民族之根。"

据悉，金字塔曾在墨西哥建筑史上占有重要地位。墨西哥先民阿兹特克人第一次到达墨西哥峡谷时，就在湖泊周围建造了金字塔。随着阿兹特克帝国的壮大，他们在原有的金字塔旁边建设了更新、更大的金字塔。殖民战争年代，西班牙打败阿兹特克帝国，在那里修建了欧洲风格的基督教堂等建筑。进入20世纪以后，许多殖民地时期的建筑被拆毁，现代建筑拔地而起。

金字塔原理

　　金字塔原理（Pyramid Principles）1973 年由麦肯锡国际管理咨询公司的咨询顾问巴巴拉·明托发明，旨在阐述写作过程的组织原理，提倡按照读者的阅读习惯改善写作效果。因为主要思想总是从次要思想中概括出来的，文章中所有思想的理想组织结构也就必定是一个金字塔结构——由一个总的思想统领多组思想。在这种金字塔结构中，思想之间的联系方式可以是纵向的——即任何一个层次的思想都是对其下面一个层次上的思想的总结；也可以是横向的——即多个思想因共同组成一个逻辑推断式，而被并列组织在一起。

图书在版编目（CIP）数据

金字塔的"味道"/于怡编著．—北京：现代出
版社,2014.1
ISBN 978－7－5143－2085－5

Ⅰ.①金… Ⅱ.①于… Ⅲ.①金字塔－青年读物②金
字塔－少年读物 Ⅳ.①K941.17－49

中国版本图书馆 CIP 数据核字（2014）第 007793 号

金字塔的"味道"

作　　者	于　怡
责任编辑	王敬一
出版发行	现代出版社
地　　址	北京市安定门外安华里 504 号
邮政编码	100011
电　　话	（010）64267325
传　　真	（010）64245264
电子邮箱	xiandai@cnpitc.com.cn
网　　址	www.1980xd.com
印　　刷	汇昌印刷（天津）有限公司
开　　本	710×1000　1/16
印　　张	8
版　　次	2014 年 1 月第 1 版　2020 年 12 月第 4 次印刷
书　　号	ISBN 978－7－5143－2085－5
定　　价	29.80 元